Cómo analizar a las personas

Una guía sobre la psicología humana, el lenguaje corporal, los tipos de personalidad, la lectura rápida de las personas y el dominio de lasfalacias lógicas

© Copyright 2020

Todos los derechos reservados. Ninguna parte de este libro puede ser reproducida de ninguna forma sin el permiso escrito del autor. Los revisores pueden citar breves pasajes en las reseñas.

Descargo de responsabilidad: Ninguna parte de esta publicación puede ser reproducida o transmitida de ninguna forma o por ningún medio, mecánico o electrónico, incluyendo fotocopias o grabaciones, o por ningún sistema de almacenamiento y recuperación de información, o transmitida por correo electrónico sin permiso escrito del editor.

Si bien se ha hecho todo lo posible por verificar la información proporcionada en esta publicación, ni el autor ni el editor asumen responsabilidad alguna por los errores, omisiones o interpretaciones contrarias al tema aquí tratado.

Este libro es solo para fines de entretenimiento. Las opiniones expresadas son únicamente las del autor y no deben tomarse como instrucciones u órdenes de expertos. El lector es responsable de sus propias acciones.

La adhesión a todas las leyes y regulaciones aplicables, incluyendo las leyes internacionales, federales, estatales y locales que rigen la concesión de licencias profesionales, las prácticas comerciales, la publicidad y todos los demás aspectos de la realización de negocios en los EE. UU., Canadá, Reino Unido o cualquier otra jurisdicción es responsabilidad exclusiva del comprador o del lector.

Ni el autor ni el editor asumen responsabilidad alguna en nombre del comprador o lector de estos materiales. Cualquier desaire percibido de cualquier individuo u organización es puramente involuntario.

Indice

PRIMERA PARTE: CÓMO ANALIZAR A LA GENTE 1
INTRODUCCIÓN 2
CAPÍTULO UNO: CÓMO CAUSAR UNA PRIMERA IMPRESIÓN QUE LE HARÁ CAER BIEN AL INSTANTE 3
CAPÍTULO DOS: TIPOS DE PERSONALIDAD Y CÓMO IDENTIFICARLOS 10
CAPÍTULO TRES: ESTRATEGIAS COMUNICATIVAS PARA LOS TIPOS DE PERSONALIDAD 18
CAPÍTULO CUATRO: LEER A LA GENTE SEGÚN SUS PALABRAS 26
CAPÍTULO CINCO: LA TONALIDAD Y SU IMPACTO 33
CAPÍTULO SEIS: ANALIZANDO LA TONALIDAD 39
CAPÍTULO SIETE: CÓMO SABER LO QUE LA GENTE PIENSA O SIENTE REALMENTE SEGÚN SU POSTURA, SU POSICIÓN Y SUS GESTOS 46
CAPÍTULO OCHO: CÓMO CONECTAR MEJOR CON LOS DEMÁS 53
CAPÍTULO NUEVE: CINCO CONSEJOS SOBRE CÓMO ANALIZAR A LOS DEMÁS 59
CAPÍTULO DIEZ: SEÑALES QUE INDICAN QUE ALGUIEN PODRÍA ESTAR ENGAÑÁNDOLE 66
CAPÍTULO ONCE: CÓMO LEER RÁPIDAMENTE A LA GENTE 73
CAPÍTULO DOCE: MIRANDO MÁS ALLÁ DE LO OBVIO, CÓMO CONOCER LAS VERDADERAS INTENCIONES Y MOTIVACIONES DE LA GENTE 83
CONCLUSIÓN 96

SEGUNDA PARTE: FALACIAS LÓGICAS 98
¿COMETE ERRORES AL RAZONAR? 98
INTRODUCCIÓN 99
CAPÍTULO 1: LÓGICA 100
CAPÍTULO 2: FALACIAS FORMALES 104
CAPÍTULO 3: FALACIAS INFORMALES 112
CAPÍTULO 4 156
Por Qué las Falacias son Persuasivas 157
Evitando las Falacias Formales 157
Afirmando lo Consecuente 158
Afirmando una Disyunción 160
Negando el Antecedente 162
Apelación a la Probabilidad 163
Apelación a la Falacia 165
Evitando Falacias Informales 166
Falacias de Distracción 167
Falso Dilema 167
Pendiente resbaladiza 168
Hombre de paja 169
Argumento de Ignorancia 171
Ad Nauseum 172
Moviendo los postes 172
Si Por Whisky 173
Falacia Nirvana 173
Falacia del Psicólogo 175
Determinismo Retrospectivo 176
Falacias de Semejanza 176
Petición de Principio 176
Falsa Analogía 178
Evidencia Anecdótica 179
Falacias de Emoción 181

Apelar al Miedo.. *181*
Apelación a la Autoridad... *182*
CONCLUSIÓN **184**

Primera Parte: Cómo Analizar a la Gente

Una Guía Esencial de la Psicología Humana, el Lenguaje Corporal, los Tipos de Personalidad, la Persuasión, la Manipulación, la Conducta Humana y Cómo Leer a la Gente

Introducción

Las personas son organismos extremadamente complejos, y la interacción social es quizá el aspecto más complicado de nuestras vidas en general. Hay muchos componentes que toman parte a la hora de aprender cómo leer eficazmente a los demás. Aprender estos componentes y ponerlos en práctica en las interacciones de tu día a día suele requerir mucho tiempo y energía

Con dicho propósito, en los siguientes capítulos se discutirá una gran variedad de temas, incluyendo: los tipos de personalidad MBTI y cómo interactuar adecuadamente con cada uno de ellos, la tonalidad (su impacto y cómo analizarla), cómo conectar mejor con los demás, detectar el engaño desde el principio, leer rápidamente a los demás (basándose en los tipos MBTI) y descubrir cuales son las verdaderas intenciones y motivaciones de los demás. Es un enorme rango de información a procesar, así que cuando usted termine de leer este libro, tendrá mucho en lo que pensar y muchas herramientas nuevas para poner en práctica. Sin embargo, valdrá la pena, ya que obtendrá herramientas muy útiles para descubrir cómo son realmente los demás.

¡Que lo disfrute!

Capítulo Uno: Cómo Causar una Primera Impresión Que Le Hará Caer Bien Al Instante

Técnicamente, una "primera impresión consiste en los primeros siete segundos que pasan desde el momento en que usted conoce a alguien. Este es sin duda el momento más importante que pasamos con otra persona, ya que construirá o romperá la calidad de la relación. Por eso es importante actuar con rapidez cuando conoce a alguien por primera vez y asegurarse de que ese tiempo determinado no le deja un mal sabor de boca. Para asegurar que las nuevas relaciones no le resulten difíciles en el futuro, aquí tiene algunos consejos para las primeras impresiones:

Sonría

Las expresiones faciales son uno de los factores más importantes a la hora de causar una buena primera impresión. Cuando usted empieza una relación con una sonrisa, se asocia a usted mismo con algo positivo. El 48 por ciento de los estadounidenses afirma que la sonrisa de una persona es la característica más memorable en el momento de conocerla. A veces, sonreír en exceso puede resultar insincero o incluso arrogante, pero sonreír de forma genuina casi siempre suele agradar.

Sonreír no solo consigue que las primeras impresiones sean más accesibles, sino que también se ha demostrado que reduce los niveles hormonales de estrés, como con el cortisol o la adrenalina. Sonreír es, además de amigable, una de las principales claves para la longevidad.

Dé un buen apretón de manos

Un buen apretón de manos sigue siendo uno de los pilares de la educación en todo el mundo. Sin embargo, ello depende de mantener un importante equilibrio entre ser demasiado firme y demasiado flojo. Si se consigue un apretón equilibrado, se causará una primera impresión mucho mejor.

Preséntese bien

Las introducciones verbales son una de las partes más importantes de los primeros siete segundos que usted pasa con otra persona. Hay muchas introducciones comunes en nuestro lenguaje, las cuales incluyen "hola", "encantado de conocerte", etc. En cualquier caso, una introducción verbal puede romper el silencio y la tensión que supone conocer a alguien por primera vez.

Pronuncie con claridad

A la hora de conocer gente nueva, la falta de confianza para hablar con claridad es un problema habitual para muchas personas. Hablar con timidez es no solo una manera fácil de pasar desapercibido, sino que a menudo conduce a que le tomen menos en serio. Está demostrado que a quienes hablan con voz tranquila y profunda se les suele tomar más en serio, así que encontrar un equilibrio entre el susurro y el grito le llevará a crear mejores relaciones.

Mantenga el contacto ocular

Mirar a los ojos le demuestra a los demás que, en primer lugar, le interesa lo que esa persona está diciendo, y en segundo, que tiene usted confianza en sí mismo. El contacto ocular es también un gran indicador de respeto para la gente. Sin embargo, debe usarse con moderación. Demasiado contacto ocular puede intimidar a los demás o hacerles sentir incómodos, mientras que apartar la mirada podría interpretarse como una distracción.

Use un lenguaje corporal agradable

Cuando dos personas hablan entre sí, a menudo imitan mutuamente su lenguaje corporal. Su sonrisa, por ejemplo, se refleja en quienes le rodean debido a una neurona especial que se encarga de imitar expresiones faciales. Esto establece una comprensión mutua entre ambos, así como conexión y confianza. Un lenguaje corporal positivo tiene otras aplicaciones útiles, sobre todo cuando se utilizan en los primeros siete segundos en que conocemos a alguien nuevo.

Vístase bien

Su atuendo puede ser un indicador importante para que otra persona sepa cómo es usted. Si viste ropa que le haga sentirse cómodo y seguro, es más probable que los demás le perciban como tal. Sin embargo, al revés sucede lo mismo. Vestir bien no solo le ayudará a causar una mejor primera impresión: también mejorará su estado de ánimo y su confianza.

Asegúrese de recordar los nombres

En palabras de Dale Carnegie, "deberíamos ser conscientes de la magia que contiene un nombre y darnos cuenta de que ese elemento único pertenece única y totalmente a la persona con la que estamos tratando, y a nadie más". A la gente le gusta mucho oír su propio nombre, más incluso de lo que es normalmente consciente. Oír nuestro propio nombre puede destacar especialmente en la era moderna, tan abrumadoramente llena de nombres e información. En cuanto usted recuerda el nombre de alguien, es siempre una buena idea llamarlo por su nombre, ya que así resulta más afable.

Considere sus propias intenciones

Este es un aspecto de la vida que la gente suele descuidar. Pregúntese a usted mismo cuáles son sus objetivos cuando acabe de conocer a alguien. Tener una visión clara de dichos objetivos puede darle una mejor idea acerca de qué tono y qué actitud debe mantener con esa persona. Eso también hará que resulte más fácil comunicarse con los demás, ya que usted tendrá una mejor noción de qué es lo que está comunicando.

Proyecte su atención

Nadie quiere hablar con alguien a quien no le interesa lo que los demás tienen que decir, o que no piensa antes de hablar. Por eso es importante considerar que los demás podrían enseñarnos algo, y también ser preciso en lo que queremos decir. Mostrar empatía con los demás propiciará que quieran hablar con usted. Intente darles solo lo mejor de cuanto tiene que decir. Prestar atención a sus palabras y acciones es una de las mejores formas de crear una impresión duradera en los demás.

Evite proyectar sus emociones negativas

Un mal estado de ánimo puede causar inesperadamente malas impresiones en los demás. Si usted acaba de conocer a alguien, pero está de mal humor por la razón que sea, esfuércese cuanto pueda en dejar su negatividad a un lado. Es asombrosa la facilidad con la que las actitudes negativas pueden hacer que los demás se alejen de nosotros.

Conteste las preguntas con delicadeza

La forma en que una persona reacciona cuando se le pone en duda indica muy bien cuál es su carácter general. Los que se ponen demasiado a la defensiva o bien ceden enseguida cuando se les enfrenta con preguntas suelen conseguir que se les cuestione más a menudo. Esto se debe a que pueden ser percibidos como inseguros o deshonestos. La forma en que reacciona cuando los demás le cuestionan será cuidadosamente analizada por quienes hablen con usted, así que es muy útil saber cómo reaccionar en esas situaciones.

Intente responder a todas las preguntas que le hagan de forma práctica y sincera; y cuando no tenga una buena respuesta, trate de usar la misma estrategia a la que recurren muchos políticos en las mismas circunstancias: responda con una pregunta diferente, pero que esté relacionada con la conversación.

Otro consejo importante es no tomarse las preguntas como un ataque personal. En lugar de eso, tómeselas como una indicación del interés que los demás tienen en usted.

Practique y prepare

Las habilidades comunicativas, al igual que cualquier otro tipo de habilidad, requieren tiempo de práctica para ser dominadas. No espere que todos los encuentros o reuniones a las que se enfrente salgan bien, al menos al principio. Solo conseguirá causar mejores impresiones iniciales cuando se haya decidido a conocer mucha gente nueva. Este consejo es especialmente útil para gente tímida o discreta. Si es usted tímido y no le gusta conocer gente nueva, entonces la única forma de desarrollar esta habilidad es practicándola. Debería empezar probando a presentarse a alguien nuevo cada semana, y verá que sus habilidades interpersonales mejoran drásticamente.

Proyecte su confianza

Es natural que se sienta usted inquieto cuando conoce a alguien de quien no sabía nada. En esas situaciones, es importante tener presente que la otra persona es probablemente un hombre o una mujer normal. Dicho de otro modo, es probable que no esté tratando con un astrofísico o un rapero famoso. Tomar conciencia de esto le ayudará a desprenderse de presión innecesaria. Cuando se sienta ansioso en estas circunstancias, esfuércese al máximo en no permitir que su ansiedad se note. Una de las formas más fáciles de proyectar confianza al hablar con los demás es bajar su tono de voz y mantenerlo calmado y equilibrado. Esto hará que sus oyentes se relajen y se sientan más seguros respecto a lo que usted está diciendo.

Aunque hay muchas formas de asegurarse de que está causando una buena primera impresión, también hay varias maneras de arruinar cualquier posibilidad de causarla. Incluso los más educados cometen frecuentemente estos errores, lo que provoca que quienes acabamos de conocer no quieran volver a hablar con nosotros.

Estas son algunas de las cosas más perjudiciales que puede hacer al conocer a alguien.

Buscar aguas tranquilas en lugar de establecer límites

Inevitablemente surgirán situaciones en las que se verás obligado a marcar límites con la gente. En estas situaciones, ya sea con alguien a quien acaba de conocer o alguien a quien ya conocía desde hace algún tiempo, es importante buscar un equilibrio asertivo entre gritarle a esa persona y reírse educadamente de la falta de respeto, la agresividad o incluso el abuso que está usted recibiendo. Tomar medidas para marcar límites es especialmente importante en el trabajo y/o en familia, donde puede que acabe conociendo mucho más a esa persona. Si una persona no sigue ningún parámetro a la hora de hablar con otra y no cede en su empeño, la relación no hará más que deteriorarse. Establecer límites puede ser incómodo o desanimar a los demás, pero a la larga vale la pena, ya que solidificará su confianza y le hará sentirte más cómodo.

Evitar las diferencias y buscar solamente puntos en común

La ciencia psicológica tiene claro ahora que solemos buscar y disfrutar aquello que nos resulta familiar. Si bien esto es comprensible, también suele conseguir que la gente no perciba las diferencias entre ellas y busque solo similitudes. Este no es un buen hábito que perseguir, porque deja a un lado información valiosa respecto a las creencias, puntos de vista y etcétera de otras personas. Admitir desde el principio los desacuerdos que existen entre usted y otra persona no solo establecerá límites adicionales, sino que desarrollará confianza, porque quedará claro que nada queda oculto entre ambos.

El dicho de "disimula hasta que se den cuenta" solo se aplica al lenguaje corporal y no verbal

Ha de ser usted honesto con lo que dice. Este es probablemente el consejo más importante que hallará en este capítulo, y puede que en todo el libro. Si afronta una conversación tratando de proyectar una confianza que no posee, o si bien intenta hacerse el tonto, los demás se darán cuenta a menudo. En cambio, si es usted sincero y directo respecto a sus ideas, pensamientos y emociones, la gente se tomará en serio lo que dice, y puede que pasen a respetarle o incluso admirarle. Ser sincero con los demás y con usted mismo es la forma más fácil y natural de ser. Mentir requiere mucho más esfuerzo que decir la verdad, y decir la verdad siempre le procurará mejores resultados a la larga.

Las primeras impresiones (es decir, los primeros siete segundos que pasamos con una nueva persona) son quizá el marco de tiempo más importante al relacionarse con alguien a quien acaba de conocer. Esto se debe principalmente a que en ese marco de tiempo se construye toda la relación. Toda impresión causada en ese tiempo suele perdurar, cuando no es permanente, así que es importante asegurarse de que dichas impresiones son positivas. Hay muchas formas de asegurar que estamos consiguiendo la mejor primera impresión posible, como se ha mencionado antes; y si usted las practica, empezará a ver resultados positivos. Pero no se desanime si causa una impresión negativa. Esto es inevitable, y cuando ocurra, debería ser por encima de todo una experiencia de la que puede aprender.

Capítulo Dos: Tipos de Personalidad y Cómo Identificarlos

Discutamos algunos de los métodos que existen para conocer el tipo de personalidad de una persona. Quienes estén familiarizados con los principios básicos de la psicología junguiana sabrán que existen 16 tipos básicos de personalidad MBTI, en los cuales Carl Jung basó gran parte de su estudio. Estos tipos se abrevian de la siguiente forma: ISTJ, ISFJ, ISTP, ISFP, INFJ, INTJ, INFP, INTP, ESTP, ESFP, ESTJ, ESFJ, ENFP, ENTP, ENFJ, ENTJ.

A continuación examinaremos estos tipos de personalidad y algunas de sus características.

Las indicaciones de los tipos de personalidad MBTI dividen dichas personalidades en cuatro dimensiones distintas. Estas dimensiones son: su mundo favorito, la información, las decisiones y la estructura.

Su mundo favorito se refiere en este contexto a sus propios niveles de extroversión (E) o introversión (I). Puede determinar cuál es su mundo favorito o el de otra persona según aquello en lo que deciden centrarse, su mundo interior o su realidad externa.

La siguiente dimensión es la información, o mejor dicho, la forma en que procesamos la información. Si usted prefiere centrarse solamente en la información que absorbe, se podría etiquetarle como sensitivo (S). Si por el contrario prefiere interpretar la información que recibe para reajustarla y aplicarla, se le categorizaría más bien como intuitivo (I).

La tercera dimensión es su toma de decisiones. Si al tomar decisiones prefiere buscar cosas como consistencia y lógica, se le podría etiquetar como pensador (T). Si, por otra parte, prefiere enfocar cada caso según las personas implicadas y sus circunstancias especiales, recibe la etiqueta de sensitivo (F).

Finalmente, la última dimensión es la estructura. Tiene que ver con su lugar y sus acciones dentro de su realidad externa. Si prefiere tomar decisiones y extraer conclusiones al lidiar con el mundo externo, se le consideraría racional (J). Si en cambio prefiere mantenerse abierto ante nueva información y puntos de vista, se le categoriza como perceptivo (P).

Todos estos tipos de personalidad son más o menos iguales en cuanto a que todos tienen sus propias fortalezas y debilidades. Hay muchas cosas distintas a observar cuando se intenta identificar qué personalidad y/o cualidades tiene la persona a la que acaba de conocer.

A continuación se detallan algunos de los aspectos a observar:

Tipos SI

Los tipos SI (como los ISFJ, ISTJ, ESFJ y ESTJ) son habitualmente los del tipo nostálgico, los que siempre parten de experiencias previas e historias que han vivido personalmente. Suelen ser realistas, pragmáticos y tradicionales, cuando no conservadores. En conjunto, se trata de personas leales y responsables que valoran la rutina y la seguridad.

Tipos SE

Los tipos SE (como los ESTP, ESFP, ISTP e ISFP) se centran más en el presente que los tipos SI, ya que asumen todos los cambios y detalles que ocurren a su alrededor en el presente. Se adaptan fácilmente al momento y acostumbran a ser aventureros, dinámicos y de trato fácil. También suelen inclinarse por lo físico; prefieren el trabajo práctico y la interacción directa con nuevas ideas y oportunidades.

Tipos NI

Los tipos NI (como los INFJ, INTJ, ENFJ y ENTJ) suelen centrarse más en el futuro. Buscan sobre todo señales, patrones y conexiones significativas a la hora de explicar el mundo que les rodea y de ver qué resultados pueden darse o no. También suelen centrarse más en lo desconocido, lo existencial y lo teórico más que en lo práctico y sencillo. A menudo son intensos y estratégicos, con increíble concentración y decisión en todos los objetivos que persiguen. A menudo pueden formar conexiones que otros no ven, y sus percepciones también suelen ser poco comunes.

Tipos NE

Los tipos NE (como los ENFP, ENTP, INFP e INTP) suelen encontrar un mayor potencial en todo lo que ven comparado con los otros tipos de personalidad. A menudo son creativos e imaginativos, y presumen de su habilidad de crear infinitas ideas a partir de unas pocas fuentes. Se sienten más traídos por lo teórico, ya que constantemente buscan el potencial de todo aquello con lo que toman contacto. Generalmente rebosan ideas y conceptos novedosos, así como utilidades para los mismos, y les encanta considerar ideas y generar nuevas perspectivas a partir de sus problemas.

Tipos TI

Los tipos TI (como los INTP, ISTP, ENTP y ESTP) son a menudo objetivos, lógicos y analíticos. Les gusta aprender por el mero hecho de hacerlo y acostumbran a preocuparse muy poco por si los demás aprecian o no ese empeño. Son principalmente sus estándares personales los que les conducen al éxito. Suelen preferir explorar, analizar y clasificar conceptos en profundidad. No se centran en las reglas ni las regulaciones de los demás y por lo general son bastante independientes.

Tipos TE

Los tipos TE (como los ENTJ, ESTJ, INTJ e ISTJ) suelen ser productivos, seguros y decisivos. Acostumbran a tener muy buena ética de trabajo y pueden planear y llevar a cabo objetivos a largo plazo con eficiencia. Son menos propensos a la creatividad y más a la productividad, centrándose siempre más en la eficiencia que en la indagación. Los tipos TE son habitualmente puntuales y fiables en sus trabajos.

Tipos FI

Los tipos FI (como los INFP, ISFP, ENFP y ESFP) son habitualmente decididos, individualistas y auténticos. Están decididos, por encima de todo, a ser sinceros consigo mismos y con sus propios valores. A menudo son compasivos y se esmeran en ayudar a los demás debido a ello. No suelen apreciar la insinceridad, pero sí suelen ser generalmente abiertos de mente.

Tipos FE

Los tipos FE (como los ENFJ, ESFJ, INFJ e ISFJ) son normalmente empáticos, amigables y más inclinados a la complacencia que otros tipos de personalidad. Tienen la habilidad especial de entender el estado de ánimo y la disposición de quienes les rodean con facilidad. Procuran verse reflejados y formar relaciones cercanas con los demás, y suelen ser educados, alentadores y concienciados. Y cuando tienen que tomar decisiones, se interesan normalmente en la armonía grupal, la ética y los valores.

Ahora que hemos explorado algunas de las características de estos tipos de personalidad, sería beneficioso repasar algunas de las otras características a observar cuando conocemos gente nueva.

Estos son algunos de los métodos para detectar los distintos tipos de personalidad.

Detectar a los SI

A los tipos ISTJ e ISFJ se los conoce por la función de la percepción introvertida (IS). Estos tipos tienen la reputación de ser los más prácticos, reflexivos, reservados y realistas. Los tipos IS son muy sinceros en su comunicación y tienden a confiar en sus propias experiencias personales. Son también escépticos y necesitan una cantidad irrefutable de pruebas antes de creerse algo. Dentro de este grupo, los ISTJ suelen ser los más directos y contundentes, mientras que los INFJ son más cálidos y emotivos.

Detectar a los NI

Los tipos INTJ e INFJ son más conocidos por la función de la intuición introvertida (IN). Acostumbran a centrarse más en el futuro y ser observadores y analíticos. Las formas preferidas de comunicación entre los tipos IN son el simbolismo y la metáfora. Estos tipos pueden resultarles obsesivos a algunos desconocidos y suelen confiar, por encima de todo, en sus propias teorías, corazonadas e intuiciones. También les encantan los problemas teóricos complejos. De este grupo, los INTJ suelen ser más impersonales y directivos, mientras que los INFJ son más cálidos y personales.

Detectar a los SE

A los ESFP y ESTP se les conoce más por la función de la percepción extrovertida (ES). Son a menudo abiertos y extremadamente adaptables, y viven constantemente en el momento. Por encima de todo, son gente de acción que se toma la vida paso a paso, siempre con energía y certeza. Esto a menudo los hace incansables, ya que siempre buscan nuevas oportunidades para aprender y desarrollarse. Los tipos ES también suelen ser realistas y no consumir demasiada energía. Su comunicación suele resultar directa, detallada y clara. A menudo quieren asegurarse de que viven la vida al máximo y de que aprovechan cualquier oportunidad para la aventura que se les presente. Acostumbran a a confiar en su propia experiencia, en sus sentidos y en los hechos comunes de la vida. De este grupo, los ESTP suelen orientarse según la lógica, y son extrovertidos y encantadores. Los ESFP son más carismáticos, amigables y auténticos.

Detectar a los NE

Los ENFP y ENTP son más conocidos por la función de la intuición extrovertida (EI). Se concentran más en lo desconocido y lo teórico, siempre mirando hacia el futuro y considerando el potencial de muchas situaciones. Estos tipos suelen ser abiertos y un tanto propensos a debatir, y a menudo están llenos de preguntas. Nunca les intimida la posibilidad de pensar contracorriente o de ejercer de abogados del diablo para formular sus opiniones. Estos son algunos de los mejores comunicadores que hay, y a menudo presumen de tener un gran vocabulario y una estupenda habilidad para expresarse. Dado que siempre miran hacia el futuro y la potencialidad, sus mentes bullen frecuentemente con nuevos conceptos e ideas. De este grupo, los ENTP suelen ser los más lógicos, enérgicos y entusiastas, y los ENFP más compasivos, creativos e inspiradores.

Detectar a los TI

Los INTP e ISTP son más conocidos por la función del pensamiento introvertido (IT). Se centran habitualmente en el análisis objetivo, la precisión y la verdad por encima de todo. Les gusta aprender por el mero hecho de hacerlo, y no suelen pensar en impresionar a los demás. También son muy abiertos de mente de manera natural y son capaces de cambiar de opinión al recibir nueva información. Mientras que los de este tipo son buenos comunicadores, suelen dedicar la mayor parte de su tiempo a solas para zambullirse en sus propias pasiones con más intensidad. También se les suele dar bien juzgar y tomar decisiones, ya que siempre mantienen la habilidad de considerar plenamente sus opciones. Se decantan más por analizar tranquilamente sus planes antes de actuar, y no tanto en anunciar abiertamente dichos planes. Los retos mentales y la resolución de problemas atrae mucho a quienes pertenecen a este tipo. Los INTP suelen sentirse fascinados por los asuntos teóricos; son a menudo escépticos y piensan en el conjunto de las cosas. Los ISTP son más prácticos, realistas y atentos con el mundo físico.

Detectar a los TE

Los tipos ENTJ y ESTJ son más conocidos por la función del pensamiento extrovertido (ET). Acostumbran a ser más productivos y a prestar más atención a sus objetivos. No suelen buscar el aprendizaje incondicional, sino que más bien aprenden algo para después hacerlo. También juzgan bien las ventajas e inconvenientes de las situaciones con que se topan. A menudo son buenos líderes, ya que no les cuesta dar instrucciones a los demás ni ceñirse a los planes marcados. Son muy buenos comunicadores y anuncian sus pensamientos en voz alta. De este grupo, los ENTJ suelen ser más racionales, visionarios y estratégicos, mientras que los ESTJ son más fiables, dedicados y voluntariosos.

Detectar a los FI

Los INFP e ISFP son más conocidos por la función del sentimiento introvertido (IF). A menudo le dan mucha importancia a sus propios valores y no permiten que los demás les engañen. Son también individualistas y compasivos. A la hora de tomar decisiones, estos tipos suelen tener presente su moral y proteger sus valores. Dicha perseverancia moral hace que se les dé bien luchar por causas en las que creen. No acostumbran a generalizar ni a imponer sus valores a los demás. Normalmente necesitan pasar una cierta cantidad de tiempo a solas con sus pensamientos, pero en su conjunto, siguen siendo sociables. De este grupo, los INFP suelen sentirse atraídos por la teoría, la imaginación y el idealismo, mientras que los ISFP son más realistas, empáticos y curiosos.

Detectar a los FE

Los ENFJ y ESFJ son conocidos sobre todo por la función del sentimiento extrovertido (EF). Estos tipos son habitualmente expresivos, cálidos y habilidosos a la hora de conectar con los demás.

Entienden las emociones ajenas de manera natural y, debido a ello, suelen ser compasivos con los demás. En cuanto a la toma de decisiones, acostumbran a considerar la armonía del grupo en que se encuentran. Respecto a la comunicación, suelen ser muy cálidos y pasionales. De este grupo, los ENFJ se centran más en el futuro y suelen ser pasionales y carismáticos; y los ESFJ, más responsables, generosos y prácticos.

Esto concluye nuestra discusión sobre los tipos de personalidad MBTI. Conviene tener presente que cada individuo es drásticamente diferente. Estos tipos son más guías generales que otra cosa, y no siempre deberían interpretarse de manera literal. Sin embargo, los tipos MBTI siempre proporcionan una guía útil para saber con qué está tratando cuando interactúa con ciertas personas.

Capítulo Tres: Estrategias Comunicativas para los Tipos de Personalidad

A continuación, nos tomaremos un tiempo para repasar distintas estrategias comunicativas útiles para tratar con distintos tipos de personalidad. Cada tipo MBTI es diferente, de modo que la forma en que nos comunicamos con ellos también debería variar. Localizar el tipo MBTI de una persona solo es útil si sabemos qué hacer con la información. Por eso vamos a examinar algunas estrategias comunicativas útiles para tratar con cada uno de los tipos de personalidad MBTI enumeradas a continuación.

ESTJ

Los ESTJ suelen ser autoritarios, pero también muy abiertos comunicativamente. Esperan firmemente que los demás cumplan sus obligaciones de manera rápida y precisa. Sin embargo, los de este tipo refuerzan esta actitud plasmando esas cualidades en sí mismos.

Los ESTJ no suelen tener un gran don de gentes, aunque tienden a evitar aquellas situaciones en las que lo necesitan. Su franqueza y sinceridad pueden ofender o intimidar a veces a los demás, o incluso provocar discusiones con quienes no compartan sus puntos de vista.

A los ESTJ también les cuesta compartir sus sentimientos y opiniones más íntimas, y las cuestiones artísticas o humanísticas no suelen atraerles. Sin embargo, sí se involucran en los demás a menudo y por lo general son más o menos abiertos.

Además, los ESTJ son más bien extrovertidos y tienen muchos amigos, además de ser personas muy trabajadoras y extremadamente activas.

ISTJ

Los ISTJ acostumbran a ser naturales y abiertos en la forma en que conversan. Por otra parte, muchos se ganan la reputación de ser demasiado formales y directos. Por lo general, se guían mucho por las reglas y siguen las normas a rajatabla.

Al igual que los ESTJ, a los ISTJ les cuesta expresar sus opiniones y sentimientos más personales y no les atraen las cuestiones artísticas o humanísticas. Normalmente tienen un número reducido de amigos íntimos, y pasan la mayor parte de su tiempo solos o con familiares y conocidos.

Los ISTJ son habitualmente muy trabajadores, sobre todo en momentos y lugares en los que hay que tomar medidas en cuanto a asuntos importantes. Se les da bien encontrar opciones y soluciones allá donde los demás no lo consiguen, y se concentran en objetivos a largo plazo.

ENTJ

Los ENTJ suelen respetar y mantener tradiciones y costumbres allá donde estén. A veces pueden parecer exigentes, pero normalmente no son pedantes. Los ENTJ siempre están dispuestos a compartir sus opiniones con los demás, así como a a recibir opiniones ajenas. Sin embargo, a veces se decantan por actuar como si fueran la persona más inteligente de la sala, lo que a menudo los convierte en inaccesibles y ahuyenta a los demás. A menudo quieren y necesitan que sus opiniones se consideren las más correctas, lo que puede enfrentarles con otros tipos de personalidad que se centran en el liderazgo.

A los ENTJ lo pasan mal a la hora de exponer sus aspectos más endebles, y también les cuesta ser diplomáticos y/o pacientes con los demás. Si bien no encuentran mucha sustancia en cuestiones artísticas o humanísticas, sí se implican en sucesos ajenos.

Con frecuencia, los ENTJ cuentan con un gran círculo de amigos, familiares y conocidos, lo que se lleva la mayor parte de su tiempo. Sin embargo, esto no suele molestarles, ya que no requieren mucho tiempo a solas para recargarse.

A los ENTJ se les suele valorar en su trabajo por sus habilidades profesionales y sus opiniones, y se muestran muy inclinados a debatir ideas y opiniones.

INTJ

Los INTJ están inmersos en una búsqueda constante por descubrir cómo funciona el mundo que les rodea, y cómo pueden adaptarse a él o cambiar su contenido. Lo que más les satisface es descubrir cómo funcionan las cosas y cómo mejorarlas.

A menudo, los INTJ se cuentan entre los conversadores más naturales. Por lo general, no son arrogantes ni demasiado formales, pero sí son reacios a veces a formar relaciones estrechas con los demás. A menudo, los INTJ pasan por dificultades en situaciones en las que es necesario tener tacto con los demás, como cuando hay que ser especialmente diplomático o paciente. Por otra parte, suelen respetar las tradiciones y la cultura de quienes le rodean.

A los INTJ también les cuesta expresar sus sentimientos y opiniones más íntimas, y no suelen apreciar las cuestiones artísticas o humanísticas. Sin embargo, son muy directos y reflexivos a la hora de comunicarse. Si bien son personas introvertidas, pueden desplegar fácilmente su actitud con los demás cuando algo les interesa especialmente.

Los INTJ suelen ser distantes en cuanto a su comunicación, y a menudo cuentan con un número pequeño de amigos y conocidos.

También tienen pocos contactos laborales por lo general, pero sus compañeros los aprecian por sus opiniones directas y profesionales.

ESTP

Normalmente, los ESTP son comunicadores activos y persuasivos, muy cautivadores en su discurso. A veces ofenden a algunas personas, pero la mayoría agradece su franqueza. Se comunican a menudo con facilidad y naturalidad, y solo de vez en cuando se ganan la reputación de ser superficiales.

A los ESTP, sin embargo, les cuesta apreciar cuestiones artísticas y humanísticas y suelen ser menos propensos a compartir sus pensamientos y emociones con los demás. A menudo presumen de tener amplios círculos de amigos y conocidos, y son directos y pragmáticos al hablar con ellos. En sus empleos también comparten sus opiniones con facilidad, y a menudo ofrecen amplias medidas para resolver problemas práticos.

ISTP

Los ISTP son normalmente muy directos y abiertos al comunicarse. También son muy observadores con las reglas y costumbres de quienes les rodean. No obstante, no suelen estar dispuestos a formar relaciones con los que les resultan exigentes o antipáticos.

A los ISTP se les suele dar bien las situaciones que requieren don de gentes y comunican sus pensamientos de manera muy directa. No acostumbran a inclinarse por compartir sus pensamientos y emociones íntimas.

Normalmente, los ISTP cuentan con muchas amistades estrechas y pasan la mayor parte del tiempo con quienes conocen bien. En el trabajo, se centran a menudo en resolver problemas presentes en lugar de hacer planes de antemano, y ofrecen muchas soluciones prácticas a sus compañeros.

ENTP

Los ENTP acostumbran a buscar conexiones lógicas entre un evento y otro en un intento por explicar lo que ven. Pueden ser personas de lo más interesante, aunque a menudo difieren con los demás y no aprecian a los que poseen un intelecto inferior al suyo.

Con frecuencia, los ENTP son objetivos, precisos y seguros a la hora de comunicarse, y les resulta relativamente fácil expresar sus pensamientos y emociones íntimas. Suelen tener la habilidad de proporcionar opiniones detalladas sobre problemas profesionales.

INTP

Los INTP tienden a categorizar todo lo que les rodea y a buscar patrones allá donde van. Son generalmente respetuosos, directos y reflexivos al comunicarse.

Los INTP acostumbran a valorar la objetividad y la franqueza, y se les da muy bien compartir sus pensamientos y emociones. No acostumbran a formar muchas relaciones sociales estrechas ni conexiones laborales. En el trabajo, sin embargo, se les valora por sus opiniones, nociones e ideas.

ESFJ

Los ESFJ tienden a mostrarse prácticos y directos comunicativamente, sin dejar de mantener un cierto grado de afecto y apoyo hacia los demás. Normalmente se sienten muy seguros de su propio razonamiento, y desean que los demás se sientan igual. También acostumbran a respetar reglas y normas y a seguirlas a rajatabla.

Los ESFJ cuentan generalmente con círculos de amistad más bien amplios, y pasan la mayor parte de su tiempo en compañía, hablando sobre temas tanto superficiales como personales. Son, en su mayor parte, más bien intensos, muy prácticos en cuanto al trabajo y centrados únicamente en tareas y problemas presentes en lugar de en planes futuros.

ISFJ

Los ISFJ suelen ser muy solidarios y amigables, siendo también directos y prácticos al comunicarse. Prefieren rodearse de gente de pensamiento similar más que otros tipos de personalidad, y se muestran muy fieles a sus ideales.

Habitualmente, los ISFJ se interesan más en asuntos prácticos que en teóricos. Sus círculos sociales no suelen ser muy amplios, y a la hora de debatir, prefieren centrarse en ofrecer respuestas a problemas prácticos y materiales. En el trabajo suelen concentrarse en el presente, y a menudo solucionan muy bien los problemas prácticos.

ENFJ

Los ENFJ suelen ser muy persuasivos comunicativamente. Les gusta ayudar y consolar a los demás, pero no toleran muy bien a quienes no aportan su ayuda. También destacan en cuanto a que les gusta discutir sobre una amplia gama de asuntos, pero no acostumbran a profundizar en detalles.

Los ENFJ forman a menudo muchas conexiones sociales y profesionales, y pasan mucho tiempo hablando con los demás sobre diversos temas. En el trabajo se les suele apreciar por sus ideas y opiniones.

INFJ

Los INFJ tienden a ser las personas más serviciales que conocemos. Esto les permite relacionarse fácilmente con los demás, y lo hacen con facilidad y natural. Son habitualmente bastante cariñosos, solidarios y reflexivos al comunicarse.

Aunque reservados en cierto modo, los INFJ son grandes conversadores y pueden dialogar sobre una gran variedad de temas. Sus círculos sociales no suelen ser muy amplios, y tienden a pasar buena parte de su tiempo reflexionando sobre sus propias ideas y creencias. Sus conexiones profesionales, por otra parte, son más extensas y a menudo se los busca por sus consejos profesionales. También son capaces de compartir muy bien sus ideas y opiniones.

ESFP

Los ESFP suelen prestar mucha atención a los sentimientos y las emociones, y a menudo se muestran cálidos hablando con los demás. Acostumbran a ser populares debido a su habilidad para conectar con los demás.

A los ESFP no les suelen atraer los temas teóricos o lógicos, pero por lo general no tienen ningún problema en compartir sus pensamientos y emociones íntimas. Suelen contar con grandes círculos de amigos, conocidos y familiares, y pasan la mayor parte de su tiempo con quienes les resultan agradables. Se concentran más en el presente, y se los valora por su capacidad para resolver problemas prácticos en el trabajo.

ISFP

Debido a su capacidad para compadecer a los demás, los ISFP suelen hacer suyos los problemas ajenos. Suelen proporcionar muy buen apoyo a otros, y en su conjunto son grandes conversadores.

Los ISFP no suelen interesarse en problemas lógicos o teóricos, y en ocasiones se ganan la reputación de fríos o distantes, pues pasan mucho tiempo en contemplación solitaria. Normalmente tienen círculos sociales extensos, y dedican mucho tiempo a hablar desenfadadamente con los demás. En el trabajo acostumbran a centrarse en problemas más bien inmediatos y prácticos antes que en planes futuros, y siempre se les aprecia por su habilidad para formar relaciones beneficiosas.

ENFP

Los ENFP tienen preferencia por buscar el significado de las cosas y a menudo ayudan a los demás a la hora de comunicarse. Son habitualmente persuasivos y se ganan la confianza de los demás con facilidad.

Los ENFP suelen tener facilidad para conversar y pueden hablar sobre muchos temas diferentes. No les gusta la soledad, y pasan buena parte de su tiempo en compañía, dentro de sus amplios círculos sociales. También acostumbran a contar con un gran número de contactos profesionales y sus ideas y opiniones suelen ser muy apreciadas en su entorno laboral.

INFP

Los INFP se centran por lo generan en lo justo y correcto de su día a día. Son a menudo capaces de empatizar fácilmente con los demás, y a veces se muestran emocionales al hablar con otras personas.

Los INFP suelen contar un amplio círculo social y dedican la mayor parte de su tiempo a él. Se les valora en el trabajo por sus consejos, opiniones e ideas.

Todos estos tipos MBTI difieren no solamente por el contenido de su personalidad, sino también por la forma en que se debería interactuar con ellos. Si usted mantiene algunos de los principios mencionados anteriormente a la hora de hablar con un cierto tipo de personalidad, empezará a notar que se produce una comunicación más efectiva entre ambos.

Capítulo Cuatro: Leer a la Gente Según sus Palabras

Otro método fiable para leer a los demás consiste simplemente en fijarse en las palabras que utilizan. Si usted se toma de modo literal todo lo que dicen los demás, se expone a perderse algunos aspectos importantes de su personalidad. Somos, después de todo, mucho más complicados de lo que cualquiera puede comprender, de modo que no leer en profundidad lo que dicen las demás personas supondría perderse aspectos importantes, y en ocasiones asombrosos, de su personalidad.

Al igual que los ojos son el espejo del alma, las palabras que empleamos son el espejo de la mente. Es importante tener en cuenta que las palabras no son más que manifestaciones externas de los pensamientos internos, así que por lo general no hay mejor forma de comprender lo que alguien dice que fijarse cuidadosamente en las palabras que utiliza. Al hacerlo, es posible que se dé usted cuenta de que ciertas palabras denotan ciertas actitudes y características. A dichas palabras se las conoce habitualmente como pistas verbales. Estas "pistas verbales" ayudan a incrementar la probabilidad de analizar y predecir las conductas ajenas. Si bien las pistas verbales nunca deben usarse para deducir a qué personalidad o tipo de personalidad nos enfrentamos, sí suelen ofrecer cierta perspectiva sobre la conducta o los procesos de pensamiento interno de los demás. Con el tiempo, usted será capaz de usar pistas verbales para trazar hipótesis sobre ciertas conductas y acciones.

El cerebro humano es muy eficaz en cuanto a que, cuando pensamos en palabras, pensamos únicamente en sustantivos y verbos. Otros artículos verbales, como los adverbios y los adjetivos, solo se insertan cuando usamos el lenguaje escrito o hablado. Es útil saber esto, pues las palabras que añadimos al hablar o escribir revelan a menudo mucho sobre nuestro actual estado emocional.

La estructura de una oración básica consiste normalmente en un sujeto y un verbo. Por ejemplo, la sencilla frase "yo caminé" consiste en el sujeto "yo" y en el verbo "caminé". Si añadiéramos más palabras a esta oración básica, dichas palabras modificarían el sustantivo y el verbo. Es en estas modificaciones donde empezamos a distinguir la conducta y los aspectos de la personalidad de quien habla o escribe.

Como se ha mencionado antes, las pistas verbales pueden ayudarle a intuir mejor qué actitudes y personalidades tienen las personas que está conociendo. La frase "yo caminé rápidamente", por ejemplo, contiene la pista verbal "rápidamente", que implica un cierto sentido de urgencia, pero la frase en sí misma no revela el origen de esa urgencia. Por lo tanto, la urgencia podría proceder de muchas fuentes. ¿Quizá quien dijo la frase llegaba tarde al trabajo? ¿Caminaba por un barrio peligroso, o tal vez hacía mal tiempo? En este contexto, la palabra "rápidamente" podría usarse por muchas razones distintas que solo se esclarecerán tras investigar un poco más.

Otro beneficio de usar pistas verbales para leer a la gente es que, normalmente, los demás no se darán cuenta cuando lo haga. Esto puede resultarle útil, ya que no se sentirá extraño ni culpable por analizar a los demás: ni siquiera sabrán que lo está haciendo.

A continuación se muestran algunos ejemplos de cómo el uso de las pistas verbales puede ayudarle a calibrar las características de la conducta de las personas con quien hable o se escriba.

Gané otro premio

La palabra clave en esta frase es "otro". Esta palabra implica que quien está hablando ha ganado al menos otro premio. Queda claro que esta persona quiere asegurarse de que su oyente sabe de sus anteriores logros. Esto podría interpretarse como un intento de reafirmar su imagen por medio de dar a conocer sus éxitos a los demás. Puede que esta persona necesite oír reconocimiento por parte de los demás, así que en este caso estaría bien usar cumplidos y un lenguaje que motive el ego.

Me esforcé mucho por conseguir mi objetivo

La palabra clave en esta frase es "mucho". Esta palabra implica que quien está hablando valora haber cumplido objetivos de difícil consecución. Hay también una ligera implicación de a esa persona le ha costado conseguir ese objetivo más de lo normal. La palabra "mucho" también implica que el orador cree que el trabajo duro puede dar buenos resultados. Por lo tanto, es probable que el orador sea un buen empleado, ya que está demostrando que puede conseguir objetivos difíciles y prolongados.

Escuché pacientemente el discurso

La palabra clave en esta frase es "pacientemente". Esta palabra puede implicar muchas cosas. En primer lugar, puede que el discurso haya aburrido a quien ha dicho la frase, o quizá tenía que ir al servicio o devolver una llamada telefónica durante la charla. Sea cual sea la razón por la que se usara la palabra "pacientemente", nos queda claro que, en uno u otro momento, quien dijo la frase tenía otras cosas en la cabeza más allá del contenido del discurso. Si alguien es lo bastante paciente como para asistir a la totalidad de un discurso pese a tener otras cosas en mente, es muy probable que se trate de alguien que respete la etiqueta y las normas sociales. Por otra parte, alguien que no le hace ascos a interrumpir un discurso para ocuparse de sus propios asuntos probablemente no siente demasiado respeto por reglas y procedimientos impuestos por otros individuos. Quienes se decantan por respetar la etiqueta y las normas sociales suelen hacer un mejor papel en trabajos y funciones que requieren seguir reglas y procedimientos, y quienes no lo hacen suelen hacerlo mejor en trabajos y funciones que requieren creatividad e ideas novedosas.

Me decidí a comprar ese modelo

La palabra clave en esta frase es "decidí". Esta palabra implica que el orador consideró comprar uno o más modelos antes de decantarse finalmente por uno en concreto. En cuanto las características de conducta, una deducción que puede hacerse sobre esta persona es que se trata de alguien que sopesa sus opciones antes de tomar una decisión. La palabra también implica que quien la ha usado es poco propenso a ser impulsivo. Una frase que denotara mayor impulsividad podría ser "compré ese modelo sin más", donde las palabras clave serían "sin más". Esas palabras también implicarían que el orador no se ha pensado demasiado su compra.

Basándonos en la palabra "decidí", también podría deducirse que el orador es alguien introvertido. Las personas introvertidas son normalmente más dadas a considerar cuidadosamente sus decisiones antes de ejecutar sus planes. En otras palabras, suelen pensarse las cosas antes de actuar, mientras que los extrovertidos tienden a ser un tanto más impulsivos. Mientras que la palabra "decidí" no aporta pruebas definitivas de que el orador es alguien introvertido, sí que implica en cierto sentido esa idea. Sería necesario analizar más exhaustivamente la personalidad de ese individuo para hacer esa afirmación, pero quien escuche la frase puede utilizar pistas contextuales para captar funciones introvertidas o extrovertidas y ajustar su comunicación en consecuencia.

Como se ha mencionado antes, las personas extrovertidas se ocupan más de sus realidades externas que de su vida interna. No extraen su energía de sus pensamientos e ideas internas tanto como del entorno y las personas que les rodean. También suelen pensar y hablar con espontaneidad y usar un método de ensayo y error para poner a prueba sus ideas y opiniones. Por el contrario, los introvertidos suelen consumir mucha energía al conversar con los demás, y por lo tanto necesitan un tiempo a solas para recargarse y refrescarse. Las personas introvertidas extraen la mayor parte de su energía de su vida interior, y a menudo son muy precisos con las palabras que emplean. También sopesan con mucho cuidado todas sus opciones antes de tomar decisiones importantes. Cuando usted se disponga afrontar una negociación comercial, o bien un debate o negociación de cualquier tipo, saber si su oponente es extrovertido o introvertido puede resultar increíblemente útil. Por ejemplo, presionar a un introvertido para que se decida rápidamente es mucho más propenso a obtener un "no" por respuesta que con un extrovertido. Por otra parte, a los extrovertidos se les puede presionar más fácilmente para tomar esas decisiones, ya que se sienten más cómodos con tomar decisiones en el momento. Es poco habitual, sin embargo, que la gente muestre funciones totalmente introvertidas o extrovertidas. Por lo general, las personalidades existen dentro de un cierto espectro en lo que a funciones introvertidas o extrovertidas se refiere, entre otras cosas. Muchas personas, cuando no la mayoría, comparten funciones introvertidas y extrovertidas, y hallan un equilibrio para satisfacer su realidad externa y su vida interna. Cuando conozca mejor a una persona, usted descubrirá a qué extremo del espectro se aproximan más; pero mientras tanto, utilizar pistas verbales puede proporcionar información y directrices beneficiosas en cuanto a cómo comunicarse con los demás.

Hice lo correcto

La palabra clave en esta frase es "correcto". Esta palabra denota que el orador ha tenido dificultades con algún dilema antes de actuar o tomar su decisión. Eso implica que el orador tiene un carácter fuerte y que ha sido justo y/o correcto a la hora de tomar su decisión.

Otro consejo importante en cuanto a cómo leer lo que dicen los demás es que debemos confiar en nuestro instinto al hablar con ellos. Podemos ir más allá de comprender lo que los demás dicen de nosotros mismos y lo que implica su lenguaje corporal utilizando lo que nuestra mejor intuición nos dice sobre la persona, el lugar o la situación. Una buena forma de examinar la intuición es verla más bien como una corazonada que como un mensaje de nuestro cerebro. Si bien el lenguaje verbal es obviamente de una importancia enorme para comunicarse con los demás, no es más que un microcosmos de todo cuanto ocurre en una conversación. Las trampas externas de una persona importan siempre mucho menos que su funcionamiento interno, y a menudo, confiar en nuestro instinto puede permitirnos acceder a recovecos más profundos de su personalidad.

El primer paso a tomar para confiar mejor en nuestro instinto es escuchar y honrar a nuestras corazonadas. Debe usted escuchar a su instinto, sobre todo al conocer a gente nueva. Las reacciones psicológicas que tenga con esas personas son a menudo los mejores indicadores para saber si puede confiar en ellas o no.

El segundo paso para confiar mejor en su instinto es observar nuestros escalofríos. Cuando se nos pone la piel de gallina, suele deberse a que la gente nos inspira, nos motiva o simplemente nos emociona. Normalmente hay que seguir estas emociones cuando brotan, ya que suelen indicarnos muy bien qué clase de compañías pueden beneficiarnos.

El tercer paso es prestar más atención a nuestra percepción. Es posible que, en el transcurso de una conversación, despierten ciertas percepciones sobre los demás. Es importante prestar atención a estas percepciones, ya que no solo pueden ayudarnos a comprender mejor a los demás, sino que también pueden allanar el camino a percepciones adicionales.

Finalmente, el cuarto paso sería observar mejor nuestra propia empatía intuitiva. Puede que a menudo se encuentre usted compartiendo sus propias penas y dolores con los demás. Cuando esto ocurra, preste atención a estos sentimientos, ya que pueden ofrecer percepciones útiles sobre cómo conectar mejor con los demás, y pueden ayudarle a ser consciente de lo que otras personas experimentan en su día a día. Sin embargo, al hacer esto no debe usted permitir que los problemas ajenos se conviertan en los suyos.

Con los consejos y técnicas mencionadas, usted debería sentirse más preparado y capacitado para descifrar las personalidades de la gente según lo que digan en el futuro. Hay que observar, no obstante, que estas habilidades deben usarse para mejorar nuestra comunicación y nuestras relaciones con los demás, y no para manipularlos o para aprovecharnos de ellos. Como ocurre con cualquier otro aspecto de la ciencia psicológica, estas habilidades deberían usarse para sacar lo mejor de quienes nos rodean, así como de nosotros mismos.

Capítulo Cinco: La Tonalidad y su Impacto

El tono de voz es uno de los aspectos más importantes de la comunicación en su conjunto. Sin embargo, tiende a no regularse en el transcurso de nuestras vidas, más allá de los controles ocasionales que nos imponen nuestros padres. Esto puede ponérnoslo complicado, principalmente porque solemos percibir nuestro propio tono con neutralidad, pero puede resultar lo contrario a ojos de los demás.

La tonalidad es uno de los aspectos comunicativos más importantes debido a que puede invalidar el verdadero contenido de lo que estamos diciendo. A menudo, la gente recibe una impresión mucho más fuerte de la forma en que decimos las cosas que de lo que realmente estamos diciendo. Por ejemplo, normalmente hablamos con nuestro jefe con un mayor tono de súplica, a menudo con una inflexión más aguda al terminar nuestras frases, que cuando hablamos con otras personas. Lo relevante no es lo que se dice en este tono de voz, sino nuestra actitud de súplica, ya que es eso lo que generalmente dejará satisfecho al jefe.

Hay tres tipos principales de tonalidad: la orientada a la compenetración, la neutral, y la orientada a romper la compenetración. A continuación, se detallan descripciones más detalladas sobre estas tonalidades.

Orientada a la compenetración

Una tonalidad orientada a la compenetración es normalmente aguda, lo que indica nervios y ansiedad. La inflexión de esta tonalidad suele ser ascendente y deriva del deseo de obtener algo de otra persona. Suele aparecer cuando se procura evitar problemas o cuando queremos obtener algo de los demás. Esto puede relajar a nuestro interlocutor y evitar conflictos, pero por lo general no sirve para ganarse el respeto ajeno y, en su conjunto, es un tono de voz inviable. Esta tonalidad es especialmente problemática para hombres jóvenes, porque hablar de forma afeminada y sumisa no impresiona a las mujeres. Sin embargo, los jóvenes utilizan este tono de voz a menudo, igual que la mayoría de la gente.

Neutral

Una tonalidad neutral es la más ideal y natural, porque encuentra un equilibrio entre hablar demasiado alto y demasiado bajo. Este tono de voz abarca lo mejor de un extremo y otro, e implica que usted es emocionalmente estable, lo que puede conseguir que la gente le respete más y escuche lo que tiene que decir. Es fácil mantener un tono neutral cuando se habla con voz de pecho y se actúa con naturalidad. Si bien la gente se inclina naturalmente por hablar y actuar a través de sus emociones, una tonalidad neutral no solo puede lograr que se nos perciba como alguien emocionalmente estable, sino que también puede ayudarnos a calibrar la intensidad de nuestras emociones. Mantener el control del tono de voz no solo puede ayudarle a regular las percepciones que los demás formen sobre usted: también puede ayudarle a regular sus propias emociones.

Orientada a romper la compenetración

Este es un tono de voz que se suele usar cuando estamos enfadados con alguien o algo, y queremos mofarnos o expresar nuestro descontento. Al usar este tono de voz, normalmente querremos evitar que algo ocurra, con lo que nuestra voz adquirirá una inflexión descendente. Aunque puede impedir que los demás hagan algo que no nos gusta, este tono de voz suele percibirse como hostil, intimidante e incluso grosero. Es comprensible sentirse importunado, molesto o enfadado en ocasiones, pero seguimos obligados a hablar con los demás con respeto y comprensión. Puede que este tono le procure más respeto que el que busca la compenetración, pero siempre es mejor usar un tono neutral para obtener un punto intermedio entre ambos.

Además de estos tres tonos de voz principales, hay otra tonalidad que se asemeja a la neutral, aunque es de naturaleza variable. El *monocorde* es un tono de voz que no fluctúa y que a menudo implica que el orador está aburrido. Aunque es parecido al tono de voz neutral, se diferencia de él en cuanto que a no tiene inflexión alguna y a menudo adormece a quienes lo escuchan. Este tono de voz procede a menudo de una actitud desconectada y desinteresada que se contagia rápidamente entre quienes se exponen a él.

El equilibrio que debe usted establecer en su tono de voz tiene mucho que ver con la imagen que tiene de sí mismo. Quienes tienen una imagen negativa de sí mismos suelen respetarse menos a sí mismos, y por lo tanto son más propensos a hablar con un tono más orientado hacia la compenetración. O bien pueden tratar de compensarlo en exceso con el tono opuesto, en un intento por enmascarar sus inseguridades. Hay un cierto rango presente en todo el mundo, y solo quienes mantienen la mayor parte del tiempo un tono neutral tienen una mejor imagen de sí mismos. Si al leer esto se apercibe usted de que suele hablar en uno u otro extremo del rango, debería analizar cuál es la causa de esto. Hay muchas razones por las cuales la gente puede desarrollar y mantener una imagen pobre de sí misma, y buscar la causa de ello no puede resultar sino beneficioso.

La vida, como quizá ya sepa, a veces se asemeja a un gran concurso de popularidad, y su tono de voz puede ser un importante indicador de cómo se siente respecto a este concurso. Si se dirige a los demás como si estuvieran por debajo o por encima de usted, lo más probable es que permanezca por debajo, o que le rechacen como si estuviera por debajo. Lo ideal es siempre hablar con los demás como si fueran iguales, independientemente de si lo percibe usted así.

Pensar en nuestro tono de voz en estos términos lo convierte todo en un juego de desarrollar compenetración, la cual se define como "una relación estrecha y armoniosa en la cual las personas o grupos involucrados entienden mutuamente sus sentimientos e ideas, y las comunican bien". Aunque es ideal mantener la neutralidad en el tono de voz, buscar la forma de romper la compenetración puede ser beneficioso en ciertas circunstancias. En la vida surgirán ciertas situaciones en las que usted no querrá necesariamente formar una relación estrecha y armoniosa con otra persona, y mientras exprese sus sentimientos de manera respetuosa para que ambos puedan mantener intacta su dignidad, no habrá problema al respecto. Ocurre lo mismo al buscar compenetración. A veces querrá usted construir y fortalecer relaciones con quienes no necesariamente le aprecian, y en estos casos, puede que incluso se sorprenda menospreciándose a sí mismo. Es natural que ciertas personas a las que conocemos nos hagan sentir rechazo o admiración y actuar a veces en consecuencia. Encontrar un buen equilibrio en su comunicación consiste en mantener nuestro respeto hacia nosotros mismos sin dejar de ser una persona cordial.

El tono de voz siempre es más sabio que el ego. Esto significa que, si desea usted desarrollar un mejor tono de voz, tendrá que convertirse en un buen solucionador de sus propios problemas. La forma en que se comunica con los demás es inseparable de la forma en que usted se siente respecto a sí mismo y los demás. Si quiere mejorar sus habilidades comunicativas, a continuación encontrará algunos consejos útiles para ello.

Practique y desarrolle una escucha activa y mantenga el contacto ocular a lo largo de sus conversaciones. Asegúrese de que las personas con quienes habla noten que las está escuchando genuinamente, y no olvide mantener un contacto ocular de forma amigable, sin llegar a ser invasivo.

Sea consciente de su imagen y no olvide sonreír. Las apariencias importan nos guste o no, así que asegúrese de tener buen aspecto al hablar con los demás. Asegúrese de sonreírles, ya que así resultará usted más atractivo y acogedor.

Deje su ego a un lado y anime a los demás a hablar. El dicho de "hay que escuchar el doble de lo que hablamos" es mucho más que un tópico: resulta muy útil para recabar información, y le anima a uno a evitar ruido de fondo innecesario. La gente acostumbra a ser mucho más amigable con quienes reciben de buen grado lo que tienen que decir. Esto le proporcionará más oportunidades de aprendizaje, y dará la bienvenida a relaciones mucho más sólidas.

No pierda de vista lo que es obvio. Habiendo tantas reglas y normas aparentemente arbitrarias en cuanto a la comunicación, a veces puede ser difícil mantener la calma y el sentido común. Procure mantener siempre los pies en la tierra, trate la conversación de fútbol o de astrofísica. Esto le hará resultar próximo, e invitará a los demás a acercarse a su lado.

Camine recto con los hombros hacia atrás, la cabeza alta y las manos abiertas. Esta reflexión de la jerarquía le hará parecer más accesible y respetable. Como se ha mencionado antes, las apariencias importan mucho, así que es mejor no entrar en una conversación dando la impresión de ser débil o poco importante. Una buena postura le procurará más respeto y asegurará que se le escucha mejor.

Preste atención al lenguaje corporal, tanto al suyo como al de los demás. Este es uno de los aspectos más importantes de la comunicación, y si lo mantiene en mente, se revelará mucho más de lo que uno normalmente espera. El anterior consejo sobre la postura corporal también se aplica aquí, ya que mantener una buena postura le proporcionará mucho más aprecio.

Sea sincero al formular preguntas. No menosprecie ni haga preguntas retóricas. Cuando se hace una pregunta, es importante concentrarse más en la objetividad que en cualquier conclusión a la que queramos llegar. Esto hará que resulte mucho más fácil hablar con usted, y le hará aprender mucho. Tampoco olvide preguntar solo lo que le interesa. No debería sentirse usted presionado a preguntar sobre cosas que no le importan. Si cierto asunto le aburre, la persona con la que habla se dará cuenta. Cíñase a preguntas cuya respuesta desee sinceramente oír; así se obtendrán conversaciones mucho mejores en su conjunto.

Hable despacio y con claridad. Hablar demasiado rápido puede interpretarse como insincero. Hablar despacio también tiende a conseguir que la gente le entienda mejor, sobre todo entre personas que no están acostumbradas a hablar rápido. Esto también puede llevarse a ser más respetado y a que se le escuche de buena gana.

Y finalmente, asegúrese de prestar toda su atención a sus interlocutores. Nadie quiere hablar con alguien que está absorto en su teléfono o en lo que quiera que pongan en la televisión. Es importante conceder nuestra absoluta atención a las personas con las que hablamos para comprender mejor lo que nos dicen y animarlas a que sigan compartiendo su información.

Su tono de voz es uno de los aspectos más importantes de la forma en que se comunica. Si se niega usted a practicar y desarrollar un tono ideal de voz, estará destinado a quedarse con el mismo tono inseguro que muestra la mayoría de la gente. Seguir los pasos mencionados anteriormente debería ayudarle a mejorar drásticamente su tono de voz.

Capítulo Seis: Analizando la Tonalidad

De nuevo, el tono de voz es uno de los aspectos más importantes de la comunicación, y su influencia puede llegar a invalidar a veces las palabras que se dicen. Nos demos cuenta o no, siempre analizamos un poco el tono de voz, pero la mayoría lo hacemos sin un punto de partida más allá de nuestro propio conjunto de presunciones en cuanto a cómo los demás deberían hablarnos. En este capítulo vamos a discutir cómo analizar mejor la tonalidad de las personas con las que hablamos, así como otros tipos de tonalidad.

Hasta donde sabemos, el tono de voz tiende con frecuencia a exponer los verdaderos sentimientos del orador mejor que las propias palabras que se emplean. Sirve para desarmar las corazas externas de la personalidad que a menudo se emplean en el habla común. Por este motivo, el tono de voz es a menudo el mejor y más fiable método para comunicar mejor nuestra personalidad en general. La forma en que usted o los demás utilizan su tono de voz comunica mucho acerca de cómo el orador se siente respecto al mensaje exhibido, y también tiene un profundo impacto en cómo los demás percibirán el mensaje.

Al analizar el tono de voz, hay un marco muy amplio y global que puede usarse como referencia, y que consiste en cuatro dimensiones distintas. A continuación, examinaremos estas dimensiones y sus características para obtener una mejor perspectiva sobre lo que buscar cuando los demás nos hablan.

Obviamente, hay una cantidad casi infinita de tonos de voz, y un rango aún mayor de formas de interpretarlos, así que la categorización y la dimensión son herramientas útiles para tratar con la pluralidad de dichos tonos.

La primera dimensión del tono de voz es *seriedad frente a comicidad*.

Más allá del tema del que se esté hablando, el hecho de que quien nos habla intente ser gracioso o serie puede revelar mucho sobre la presente situación o la personalidad del interlocutor. Si nos habla con tono gracioso, puede inferirse que el orador es una persona bromista a la que le gusta pasárselo bien y hablar de forma despreocupada, o que está de buen humor. Si nos habla en tono serio, puede interpretarse que se trata de alguien directo o práctico, cuando no arisco o aburrido, o que está de un humor más serio. Analizar esta dimensión del habla no solo puede proporcionarle una buena comprensión del carácter del orador, sino que también puede procurarle una mejor forma de dirigirse a él o de tratar con la situación actual. Esto puede conducir a una mejor comunicación y a solucionar los problemas de manera más efectiva.

La segunda dimensión del tono de voz es *informalidad frente a formalidad*.

Por encima del tema discutido, un tono casual o formal en la voz del interlocutor puede indicar muchas cosas sobre la presente situación la personalidad del orador. Si el tono es casual, puede inferirse que esa persona es más bien informal y práctica, y que le gusta mantener un ambiente cómodo y más bien relajado, o bien que el interlocutor se encuentra de un humor casual o cómodo. Si por otra parte utiliza un tono de voz formal, puede conjeturarse que se trata de una persona formal a la que le gusta mantener una atmósfera impersonal y profesional, o que se encuentra en un estado de ánimo más serio y formal. Observar si el tono de voz empleado es más casual o formal no solo puede proporcionarle una mejor forma de dirigirse a esa persona, sino que también puede ayudarle a formarse una buena idea de su personalidad.

La tercera dimensión del tono de voz es *irreverencia frente a respeto*.

Más allá del tema discutido, fijarse en si el orador es respetuoso o irreverente en su tono de voz puede indicar muchas cosas sobre la situación actual o sobre su personalidad. Si habla con un tono irreverente, puede interpretarse que esa persona no guarda mucho respeto por usted o por el tema discutido, o bien que se encuentra, de nuevo, de mal humor. Si por otra parte utiliza un tono respetuoso, puede inferirse que se trata de una persona respetuosa que valora el hecho de tratar a los demás con consideración, o que se encuentra en un estado de ánimo más justo y respetuoso que el anterior orador. Darse cuenta de si el tono de voz empleado es más irreverente o respetuoso puede indicarle muy bien cómo comunicarse con esa persona, e incluso proporcionarle una cierta comprensión de su personalidad.

Finalmente, la cuarta dimensión del tono de voz es *pragmatismo frente a entusiasmo*.

En primer lugar, debe observarse que estos dos tonos no son mutuamente excluyentes, ya que en algunas situaciones es comprensible que haya entusiasmo genuino. Más allá del tema discutido, el hecho de que el interlocutor sea pragmático o entusiasta en su voz puede revelar muchas cosas sobre la verdadera cuestión discutida o la personalidad de esa persona. Si el tono de voz empleado es pragmático, puede usted interpretar que está hablando con alguien pragmático y sincero, o que se encuentra de un humor práctico. Si por otra parte habla con un tono de voz entusiasmado, puede inferirse que esa persona es enérgica y animada, o que se encuentra en un estado de ánimo entusiasta. Darse cuenta de si el tono de voz empleado es pragmático o entusiasta puede indicarle muy bien cómo comunicarse con su interlocutor, e incluso ayudarle a comprender mejor su personalidad.

Si procura recordar estos tres tipos de tono de voz en relación con la compenetración (recordemos: orientada a la compenetración, neutral y orientada contra la compenetración) al considerar las características de las dimensiones de tonalidad antes mencionadas, será seguramente capaz de establecer conexiones valiosas entre ambos métodos par analizar los tonos de voz. Estos tonos acostumbran a superponerse y a variar extensamente según la personalidad del interlocutor y el mensaje que intenta comunicar. Además, los tipos de tonalidad y sus distintas dimensiones confluyen a menudo para crear todo un sistema de tonalidades. Por ejemplo, quienes acostumbran a romper la compenetración con sus hostilidades son también más propensos a hablar de forma irreverente. Esto puede producir un individuo con quien sea de lo más desagradable conversar, dado que su actitud queda reforzada por su propio mal humor.

Ahora examinaremos más de cerca cómo las distintas formas del tono de voz pueden funcionar a nuestro favor o en contra nuestra y crear así un paisaje lingüístico variado.

Seriedad frente a comicidad

Como podrá imaginar, romper la compenetración se hace a menudo de manera muy seria. Quienes tienden a romper la compenetración a menudo acostumbran a hablar a los demás con condescendencia y no temen la confrontación. Esto implica que estas personas son más serias y quizá estrictas que otras, porque la confrontación no se ejecuta normalmente de manera desenfadada. Por lo tanto, quienes no temen la confrontación (o al menos la consienten) suelen estar más acostumbrados a conversaciones y circunstancias negativas.

A quienes buscan la compenetración, por otra parte, nunca se les percibe como gente muy seria, o al menos nunca se les toma muy en serio. Si le suplica a otra persona, puede que esa forma de dirigirse a ella sea muy seria para usted, pero obviamente no es probable que los demás lo perciban así, al contrario que cuando se es asertivo con los demás. Por lo tanto, buscar la compenetración se acerca más al lado cómico del espectro, ya que implica que uno no desea ser tomado en serio.

Las personas neutrales son más propensas a hallar un equilibrio entre ambos espectros, ya que la neutralidad los acomoda naturalmente a uno y otro extremo. Si habla usted en un tono neutral, sus palabras por lo general se percibirán de forma neutral.

Informalidad frente a formalidad

Quienes se inclinan más hacia romper la compenetración suelen hablar por lo general de manera más formal. Romper la compenetración denota superioridad: no se suele hacer de forma casual, a no ser que se haga con alguien que consiente que los demás pasen por encima de él. Quienes hablan de este modo suelen llegar a posiciones de liderazgo, lo cual refuerza a su vez su intención de hablar formalmente.

Quienes buscan la compenetración son a menudo más informales, aunque bajo ciertas circunstancias pueden buscar dicha compenetración de manera formal. Suplicar a los demás no acostumbra a ser percibido como algo formal, y no suele hacerse de forma pomposa, razón por la cual quienes buscan compenetración tienden a hablar también de manera informal.

De nuevo, las personas neutrales tienen una mayor habilidad para encontrar un equilibrio, ya que la neutralidad sirve a ambos espectros. Si habla usted con un tono neutral, lo más probable es que sus palabras se perciban del mismo modo.

Irreverencia frente a respeto

Quienes suelen romper la compenetración también acostumbran a hablar de modo más irreverente, como hemos mencionado antes. Esto se debe a que romper la compenetración es intrínsecamente irreverente por la forma en que daña la reputación y la imagen ajena.

La propia idea de romper la compenetración gira en torno a torcer las opiniones de los demás y a imponer nuestra voluntad por encima de los demás. Eso hace que romper la compenetración sea irreverente en cuanto a su propósito principal.

Por otro lado, quienes buscan la compenetración suelen mostrar más respeto, o al menos más servidumbre, por sus interlocutores. No obstante, los que buscan la compenetración no muestran respeto si por dicha palabra nos referimos al respeto hacia uno mismo. Al buscar compenetración, lo que usted le demuestra a los demás es que coloca las opiniones e ideas ajenas por encima de las suyas propias. Si bien eso constituye una cierta forma de respeto, no se trata de un respeto muy saludable.

Las personas neutrales son más propensas a encontrar un equilibrio entre ambos espectros, ya que la neutralidad recibe ambos extremos de buen grado. Si habla usted con un tono neutral, sus palabras se percibirán seguramente del mismo modo.

Pragmatismo frente a entusiasmo

Quienes buscan romper la compenetración con frecuencia suelen hablar con mayor pragmatismo. Esto es debido a que la mayoría de las personas no se sienten cómodas al romper la compenetración. Si usted se dirige a otra persona con condescendencia, lo más probable es que no tenga muchas ganas de hablar con ella. Cuando la gente rompe la compenetración, casi siempre lo hace de forma directa y pragmática.

Por otra parte, quienes buscan la compenetración se decantan más por hablar con entusiasmo. Esto se debe a que la energía adicional que se invierte en lo que se dice suele agradar a las personas con las que se habla. Cuando suplicamos a otra persona, lo normal es que no podamos ser demasiado pragmáticos con ella, así que nos veremos obligados a invertir más energía en nuestras palabras para convencerla.

Las personas neutrales son más propensas a hallar un equilibrio entre ambos extremos, ya que la neutralidad sirve a ambos espectros. Si habla usted con un tono neutral, lo más probable es que sus palabras se reciban de manera neutral.

Si utiliza usted estos consejos para entender las tonalidades y mejorar la suya propia, empezará a ver resultados en su comunicación y sus relaciones. Sin embargo, lo más importante es ser persistente a la hora de aplicar estas técnicas.

Capítulo Siete: Cómo Saber lo que la Gente Piensa o Siente Realmente Según su Postura, su Posición y sus Gestos

La comunicación no verbal puede ser tanto o más importante que el lenguaje verbal. Si afronta usted todas sus conversaciones sin prestar atención a su lenguaje corporal u otras formas de comunicación no verbal, es probable que se pierda gran parte del contexto que contienen las conversaciones que mantiene.

En este capítulo discutiremos algunos de los aspectos más importantes del lenguaje corporal, y cómo estos aspectos pueden ser beneficiosos para observar la forma en que hablan los demás. El corporal es un aspecto del lenguaje que suele pasar desapercibido, así que detectar los detalles mencionados en este capítulo puede proporcionarle una enorme ventaja conversacional en las relaciones que desarrolle.

Obviamente, el aspecto más importante y fácilmente reconocible del lenguaje corporal son las expresiones faciales. También hay tipos de expresiones corporales que la mayoría de la gente reconoce fácilmente. Las expresiones faciales suelen leerse según los movimientos y la colocación de las cejas, los ojos, la nariz, los labios y las mejillas. Estas expresiones faciales son tan extensas y variadas como las emociones que expresan, y pueden dividirse en varias categorías básicas.

Bertrand Russell propuso que la mayoría de las emociones cuentan con dos tipos principales de dimensiones: la afabilidad y el nivel de estimulación. Las emociones que cuentan con alto grado de afabilidad y estimulación, como por ejemplo el gozo y la excitación, suelen representarse facialmente con sonrisas de oreja a oreja y cejas alzadas. Las emociones con alta afabilidad pero baja estimulación, como la relajación y la conformidad, se expresan con sonrisas leves, mejillas relajadas e inclinaciones descendentes de las cejas. Las emociones con baja afabilidad pero alto nivel de estimulación (con frecuencia las peores emociones que experimentamos) son la ira y el miedo, y suelen expresarse alzando las cejas, frunciendo el ceño y, a menudo, sudando. La tristeza y la desesperación, emociones bajas tanto en afabilidad como en estimulación, se expresan frecuentemente frunciendo el entrecejo, bajando las cejas y los párpados y relajando las mejillas, así como con lágrimas ocasionales.

Las posturas corporales son también buenos indicadores de las emociones internas. Pueden presentarse en todo tipo de formas y a lo largo de todo el cuerpo, expresando todos los tipos de emoción que podemos sentir. Cuando alguien se enfada con otra persona, por ejemplo, puede colocar su cuerpo por encima del de su interlocutor. Por el contrario, si una persona se siente asustada por otra, es más probable que retraiga su propio cuerpo en un esfuerzo por parecer más sumiso y menos amenazante.

Que una persona esté de pie o sentada, así como la forma en la que lo hacen, puede revelar muchísimo acerca de sus emociones. Si una persona, esté de pie o sentada, parece abierta y/o receptiva al contacto físico, puede deducirse que está relajada, que no se siente intimidada y que se mantiene abierta. Cuando alguien se cruza de piernas o de brazos y agacha la cabeza, puede inferirse que no está dispuestos a hablar, que temen a los demás o que está de un humor inaccesible. Es más recomendable acercarse a la primera persona que a la segunda, ya que por lo general la primera nos proporcionará mejores resultados en una conversación.

La dirección de los pies, y obviamente de los ojos, es también muy importante al analizar posturas corporales. Cuando alguien apunta hacia otra persona con sus pies o su rostro, suele deducirse que sienten un interés activo por la persona o el objeto al que estén mirando. Observar el lugar hacia el que apuntan los pies o la cara de alguien puede darle una mejor indicación de qué es aquello que realmente le interesa, más allá de sus propias palabras.

El siguiente aspecto más importante del lenguaje corporal son los gestos, es decir, los movimientos corporales que se realizan con piernas, cabeza, dedos, brazos, manos y otras partes del cuerpo. Pueden revelar muchas cosas, ya que pueden ser voluntarios o involuntarios. Los gestos voluntarios se usan a menudo para indicar la dirección (como al señalar con el dedo), expresar saludos y despedidas y para indicar actitudes o afirmaciones (cruzarse de brazos cuando no nos interesa lo que nos están diciendo). Hay muchos otros gestos para otras tantas posturas. Por ejemplo, cuando alguien no entiende lo que le están diciendo, a menudo se encoge de hombros o cruza un brazo por encima del otro. En estas situaciones, la gente también tiende a subir los brazos en paralelo respecto al techo y dejarlos caer.

Encogerse de hombros es uno de los gestos más populares y conocidos en todo el mundo, y al examinar dicho gesto, se descubre que cumple tres propósitos: "abrir las palmas de las manos para demostrar que no escondemos nada, encoger los hombros para proteger la garganta de un ataque y alzar las cejas, que es universalmente considerado un saludo sumiso".

Los gestos manuales son otro tipo de gesto extremadamente importante. Unas manos relajadas y no amenazantes indican seguridad y confianza en uno mismo, mientras que unas manos que se entrelazan nerviosamente se pueden interpretar como un indicador de enfado o bien estrés. Retorcer las manos puede ser un indicador de ansiedad o nerviosismo.

Los gestos con los dedos también son importantes a la hora de proporcionar pistas en cuanto a lo que la persona intenta realmente comunicar y cómo se siente. Por lo general, se utiliza el dedo índice para dar direcciones y señalar a objetos concretos, pero apuntar directamente hacia alguien con el índice puede interpretarse como un gesto maleducado.

Respecto a los gestos con la cabeza, asentir indica un "sí" en la mayoría de las culturas, mientras que agitar la cabeza de un lado a otro suele indicar un "no". El origen del asentimiento procede, de hecho, de la reverencia, ya que asentir con la cabeza es un gesto que complementa a una reverencia. Es un gesto sumiso que muestra respeto o súplica hacia otra persona. Se ha demostrado, no obstante, que estos gestos son innatos: los estudios realizados con niños sordos y ciegos han revelado que la gente ejecuta estos gestos de forma natural, sin siquiera pensar en su significado.

Otro aspecto importante del lenguaje corporal es el apretón de mano, que se usa sobre todo para saludar a otra persona. Sin embargo, también puede usarse para felicitar o mostrar acuerdo. Hay varios tipos de apretones de manos: a veces se oprimen un poco los dedos de la otra persona, a veces se aprieta con fuerza excesiva y en ocasiones apenas se aprieta la mano. El primer tipo (oprimir los dedos) es el que busca normalmente la gente, sobre todo al conocer a alguien nuevo. La razón de esto tiene que ver con los puntos expuestos en cuanto al tono de voz, el equilibrio y la proporción. Un apretón demasiado fuerte equivale a romper la compenetración: hace que la gente nos perciba como agresivos o poco amigables. Un apretón muy flojo indica que se busca la compenetración, y conduce a que la gente no nos guarde suficiente respeto. Finalmente, un apretón firme pero amistoso nos hará parecer seguros y amigables.

Otro aspecto importante del lenguaje corporal es, sorprendentemente, la forma en que respiramos, pues puede revelar mucho sobre un estado emocional y tal vez una personalidad. El aspecto más revelador de observar la forma en que alguien respira es que suele funcionar de forma pareja al resto del lenguaje corporal. Las respiraciones lentas y profundas indican normalmente una actitud tranquila, relajada y segura, y que a menudo será útil y agradable hablar con esa persona. Las respiraciones rápidas y poco profundas, por el contrario, nos hablan de una persona nerviosa, ansiosa y tímida cuya conversación no será generalmente muy placentera. Muchas personas, sobre todo en entornos laborales, dan fe del hecho de que se puede conectar mucho con los demás, y también comprenderlos mejor, imitando su respiración. Esto le conducirá a usted a tener mejores y más productivas relaciones en el futuro.

Una subcategoría destacable del lenguaje corporal es la que se conoce como oculesia. La oculesia es el estudio del contacto, el movimiento y la actitud ocular, y de cómo dos interlocutores se miran entre sí. Como el lector podrá deducir, la conducta ocular depende mucho de la cultura de quien está hablando. Por ejemplo, en las culturas anglosajonas y germánicas, evitar el contacto ocular se suele tomar como una señal de timidez, inseguridad e incluso insinceridad. En muchas culturas latinas, mirar a los ojos prolongadamente suele interpretarse como que estamos retando a la otra persona o que estamos románticamente interesados en ella. En muchas culturas asiáticas, el contacto ocular prolongado se suele recibir como un gesto hostil y/o agresivo. Generalmente, lo ideal es mantener contacto ocular durante un tiempo saludable. Tanto mirar fijamente como mirar poco a los ojos puede crear complicaciones donde no las había. Si se esfuerza usted por mantener un contacto ocular saludable en futuras conversaciones, es muy probable que desarrolle igualmente relaciones más saludables.

Otra subcategoría importante del lenguaje del cuerpo es la conocida como háptica. La háptica es el estudio del tacto y sus diversos usos en la comunicación interpersonal. Las formas hápticas de comunicación más comunes son la palmadita en el hombro, frotar a otra persona con la mano, chocar los cinco, la palmada en la espalda, y los momentos en que estrechamos otra mano o la sostenemos con intención.

Según algunos estudios, el sentido del tacto es el que se encuentra más desarrollado al nacer. Por lo tanto, el tacto nos proporciona nuestras primeras percepciones de la realidad externa desde niños. Se puede tocar de muchas formas distintas para muchos propósitos diferentes. Estos incluyen, entre otros, mantener vínculos con otras personas, expresar poder y/o superioridad, coquetear y flirtear juguetonamente y calma a la gente (especialmente niños y bebés).

Tocar a los demás puede indicar no solamente una cierta emoción, sino también la intensidad de la misma. Estas emociones pueden variar ampliamente y a menudo incluyen la ira, la alegría, la tristeza, la conmiseración, la relajación, etc. Las situaciones en las que el contacto físico se corresponde con ira y agresión suelen ser aquellas en las que nos encontramos en problemas. A menudo resulta fácil que el tacto físico acompañado de ira derive en un combate físico, así que sea muy cuidadoso con la posición de sus manos cuando se enfade con otra persona. El significado del tacto también puede depender de otros muchos factores, como la duración del contacto o su localización y situación. Como ocurre con cualquier otro método de comunicación, el contexto siempre es clave.

Las emociones pueden discernirse con el tacto mucho más fácilmente de lo que cree la mayoría de la gente. A medida que maduramos, aprendemos a reconocer mejor estos contactos y su respectivo contenido emocional sin pensarlo demasiado, pero quienes dedicamos tiempo y energía a entenderlos conseguimos a menudo mejores resultados que los que no.

Usar estos consejos y técnicas propias en cuanto al lenguaje corporal ajeno debería proporcionarle una ventaja importante a la hora de comunicarse con los demás en el futuro. Si se esmera usted en aplicar los principios que se han mencionado, será capaz de fomentar relaciones más saludables y duraderas con quienes conozca. El lenguaje corporal puede ser a la vez el aspecto más sutil e importante de la comunicación. También cabe mencionar que mejorar el lenguaje corporal, tanto el propio como el ajeno, lleva mucho tiempo. Sin embargo, si persiste usted en ello, con el tiempo desarrollará herramientas muy útiles para entender el lenguaje corporal, para lo cual la determinación es el aspecto más importante.

Capítulo Ocho: Cómo Conectar Mejor con Los Demás

"Se pueden hacer más amigos en dos meses si se interesa uno en los demás, que los que se harían en dos años si se intenta que los demás se interesen en uno". - *Dale Carnegie, Cómo Ganar Amigos e Influir Sobre las Personas.*

La anterior cita es una obviedad que seguirá siendo relevante hasta el fin de los tiempos. Lo relevante no es lo que usted hace o cuáles son sus intereses: lo único que mantendrá el mundo en marcha son las relaciones humanas. Sin embargo, las relaciones son extremadamente dinámicas y complicadas, y cuesta construirlas y mantenerlas. A algunas personas les resulta más fácil construir y mantener dichas relaciones que a otras, independientemente de las características de su personalidad y debido a razones que a veces son difíciles de discernir.

Al parecer, esta discrepancia en cuanto a la popularidad de la gente se explica más fácilmente de lo que se cree. Mientras que algunas personas parecen demasiado populares o impopulares como para ser accesibles, hay algunos factores específicos a la hora de relacionarse con los demás que son comunes entre la mayoría, cuando no la totalidad, de las personas a las que conocemos.

A continuación, nos adentraremos en algunas de estas causas y veremos cómo ajustar nuestras estrategias comunicativas para conectar mejor con los demás.

Sea genuino

Las únicas relaciones valiosas que durarán en su vida son aquellas por las que usted se preocupa realmente. No puede esperar que se mantenga una relación en la que usted no se implica. No es tan fácil jugar con la gente de este modo como a veces se cree. Sin embargo, eso no significa que deba usted cortar por completo la comunicación ni profundizar más si la relación no le resulta beneficiosa. Si dedica usted más tiempo y energía en desarrollar una relación que le gusta, generalmente atraerá más la clase de atención que busca.

Ofrezca y proporcione más ayuda

Incluso las personas más fuertes, competentes y poderosas necesitan ayuda de vez en cuando. Cuando se presente esa ocasión, puede beneficiarle tenderle la mano a quien la necesite. Muchas personas niegan su ayuda a los demás porque no ven un beneficio inmediato en ello, o porque dudan que vayan a ser correspondidos cuando lo necesiten. Esto no solo arruina las relaciones, sino que hace decrecer la confianza entre una persona y otra. Cuando usted se niega a ayudar a otro, los demás le perciben como alguien descuidado. Siempre es importante ofrecer nuestra ayuda; tanto cuando otros la necesiten como cuando no. Esto le demostrará a los demás que usted se preocupa por ellos y que está ahí para ayudarles en momentos difíciles. Aun cuando sus ofrecimientos o sus acciones no sean especialmente útiles, es la intención lo que cuenta.

Preste mucha atención

A la gente nunca le gusta comunicarse con quienes no prestan sincera atención a lo que tienen que decir. Cuando hable usted con otra persona, es poco menos que imposible mantener una conversación útil si no se implica en lo que le están diciendo.

Por prestar atención a las palabras de los demás, nos referimos a prestar *verdadera* atención a lo que dicen y piensan. Trate de ir más allá de lo que la mayoría de la gente querría saber. Al hacerlo, reforzará el vínculo que tiene con esa otra persona más allá de lo corriente. Intente descubrir qué piensan realmente sobre ciertas cosas y cuales son sus opiniones informales al respecto, en lugar de limitarse a aceptar complacientemente lo que dicen. Esto le hará conectar mucho mejor con quien habla, sobre todo si se implica usted en los asuntos que le interesan a esa persona.

Conecte con las amistades de su interlocutor

Conectar con los demás a través de amigos mutuos y otras terceras personas no solo fortalecerá sus relaciones presentes, sino que también abrirá posibilidades para conocer a gente nueva. Esto, por su parte, podría llevarle a desarrollar aún más sus habilidades comunicativas e interpersonales. En entornos laborales, podría crearle una mejor reputación y quizá llevarle a nuevas oportunidades de trabajo. Al fin y al cabo, conseguir un nuevo empleo es mucho más fácil cuando cuenta usted con referencias dentro de la compañía a la que opta. De hecho, hay muchos empleos a los que sería difícil acceder sin referencias de otras personas implicadas. Ya sea en la vida profesional o la personal, conectar con las personas cercanas a sus interlocutores no solo refuerza las conexiones que se forman con estos últimos, sino que también le procura conexiones adicionales con los primeros.

La persistencia puede ganar batallas

A veces, presionar e insistir a los demás puede resultar molesto, pero a menudo nos proporciona posiciones valiosas a las que de otro modo no podríamos acceder. El principio de la persistencia en la comunicación se nutre principalmente de la idea de que persistir en nuestras conversaciones puede anular las cosas desagradables o aburridas que decimos.

Las personas somos animales de costumbres. Si consigue usted acostumbrar a los demás a que se comuniquen con usted, es más probable que acuden a usted por su cuenta más a menudo. Resumidamente, debe usted conseguir que los demás se familiaricen con usted, lo que hará que se decanten más por querer hablar con usted. Cuando conozca a alguien nuevo, procure recordar que su primer intento por impresionarles será seguramente en vano. Por lo general, solo después de varias aproximaciones a esa persona se ganará su amistad y confianza, así que haga un esfuerzo constante por conectar con quienes conozca.

Hágase amigo solo con quienes realmente quiera tener a su lado

Evite las relaciones tóxicas y cíñase a las personas que le proporcionen un verdadero beneficio en su vida. No está usted obligado a mantener a su lado a quienes le deprimen. Sí tiene, sin embargo, la obligación de trabar amistad con quienes le hacen sentirse feliz o cómodo. No puede hacerse usted amigo de aquellos cuya compañía no disfruta. Intentarlo terminará por hacerle sentir exhausto y frustrado. Puede que consiga agradar a alguien que no le cae bien, pero habrá fracasado en cuanto a hacerse feliz a sí mismo y a rodearse de buenas compañías. Normalmente no se gana mucho dedicando tiempo a los que no nos caen bien, al contrario que pasando tiempo con los que sí.

Sea inolvidable

Cuando conozca a otras personas, haga cosas que le hagan destacar del resto. Los consejos mencionados anteriormente le ayudarán a hacerlo, pero hay muchísimas otras formas de destacar. Si se pregunta a cuántas personas ha conocido en los últimos dos años, es muy probable que no pueda recordar a la mayoría, y seguramente muchas de esas personas no fueron demasiado memorables. No se trata de desacreditar a las personas que encontramos en la vida, pero lo cierto es que es normal que las conversaciones tiendan a ser un tanto aburridas o prosaicas. Cuando conozca a alguien nuevo, esfuércese al máximo por ser la excepción de esta regla. Una de las formas más fáciles de hacerlo es ser auténtico con lo que se dice. Esto le hará destacar por dos razones: la mayoría de la gente no es demasiado auténtica en sus conversaciones, sobre todo con gente a la que no conoce. Esto le brindará a su interlocutor una mejor ocasión para conectar con usted, lo cual a su vez hará que se incline más por recordar su nombre y lo que usted le ha dicho.

Como cualquier estudiante de filosofía podrá decirle, uno de los aspectos más devastadores de la tecnología moderna es el impacto de las redes sociales en las conexiones interpersonales. En el panorama contemporáneo, las redes sociales componen un juego mucho más basado en alcance que en profundidad. Lenta pero firmemente, la tecnología está arruinando las posibilidades de intimar en profundidad con la gente. Esta tendencia es, no obstante, muy comprensible: con todo tipo de dispositivos al alcance de la mano, es demasiado tentador evitar las responsabilidades que normalmente conlleva el contacto directo con otras personas.

Sin embargo, la elusión nunca resulta una buena forma de solucionar problemas a largo plazo. Si al hablar con otros se pone usted nervioso, o si teme que la conversación pueda acabar mal, la terapia de exposición puede ser su mejor apuesta. Vivir recluido puede proporcionar un alivio temporal para sus ansiedades, pero nunca le conferirá herramientas para lidiar a largo plazo con estas preocupaciones. De hecho, eludir sus problemas acabará por acrecentar su ansiedad. La única forma eficaz de reducirla es, de nuevo, salir de casa y empezar a conocer gente nueva. Hacerlo puede mejorar drásticamente su calidad general de vida.

Los dispositivos que usamos a diario interfieren también con otros aspectos de nuestra vida, tales como la imaginación, la empatía, la paciencia, la resiliencia, nuestra vida interior y nuestra salud mental en general. En este contexto, la empatía es la característica más preocupante. La mayoría de los estudios indican que el uso excesivo de los dispositivos electrónicos afecta sobre todo a la empatía. La realidad es que es difícil preocuparse por los demás cuando estamos tan abrumados por la cantidad de información que escupe nuestro smartphone, o cualquier otro dispositivo que estemos utilizando.

El declive de la empatía, así como de las otras características antes mencionadas, a menudo conduce a graves problemas de salud. Estos incluyen, entre otros, estrés, ansiedad y depresión. A los *millennials* les suele costar lidiar con estas disfunciones, ya que la tecnología las estimula en exceso. Lo que es aún peor: se cree que los estudiantes jóvenes pueden desarrollar estos trastornos a un nivel aún mayor. Un término que se está empezando a utilizar mucho en diálogos políticos es "micro agresiones". Estas se refieren a palabras y frases pequeñas pero repetitivas que la gente, en este caso los estudiantes, aprenden a través de los libros que leen y de su contacto con las redes sociales. Estas pueden llegar a multiplicarse hasta el punto de hacernos sentir muy vulnerables al procesar cualquier medio informativo. Como resultado, nuestro mundo interno se llena con los insultos que absorbemos a través de los medios, hasta el punto de no poder lidiar con ellos, lo que hace brotar problemas de salud mental.

Es comprensible que exista dependencia electrónica, sobre todo cuando todos los que nos rodean dependen también de sus dispositivos. Cuando esto ocurre en ciertos hogares o espacios de trabajo suelen producirse efectos mínimos, pero al producirse de forma extensa -como ocurre cada vez más-, pueden empezar a desarrollarse consecuencias masivas a nivel cultural, muchas de las cuales son de lo más negativo.

Si desea usted llevar una vida plena y saludable en lo que a comunicación se refiere, es necesario que encuentre un equilibrio entre conectar con el mundo a través de sus dispositivos y conectar con sus semejantes cara a cara. Si lo consigue, puede mejorar usted en todos los aspectos, ya que permanecerá conectado con el mundo sin dejar de mantener amistades y relaciones cercanas con quienes le rodean.

Capítulo Nueve: Cinco Consejos Sobre Cómo Analizar a Los Demás

Hay muchos componentes distintos que juegan un papel a la hora de analizar a los demás. Tantos que, de hecho, tratar de dominarlos todos puede resultar abrumador. En este capítulo analizaremos en mayor profundidad varios métodos para leer a los demás más allá de lo que dicen directamente. Así podrá usted mantener conversaciones productivas en el futuro, y será capaz de entender mejor lo que otros intentan comunicar.

El que quizá es el paso más importante para analizar mejor a la gente es considerar qué podría estar haciendo usted mal. El contexto es uno de los aspectos que la gente suele olvidar más cuando analiza a los demás. Debe usted fijarse siempre en los lugares y situaciones en los que la gente dice y hace ciertas cosas. Pongamos que alguien le observa fijamente con los brazos cruzados. Esto podría tener un significado distinto si la habitación está fría, o si la silla en la que están sentados no tiene reposabrazos. Tomarse un par de segundos para tener en cuenta los elementos que nos rodean es de mucha utilidad para esclarecer el verdadero significado de las palabras y acciones ajenas.

Otro aspecto importante en el que fijarse son las tendencias. Si usted descubre que una persona se inclina hacia ciertas actitudes o preferencias más que hacia otras, esto podría ayudarle a comunicarse mejor con esa persona en el futuro.

También debemos ser conscientes de los puntos de partida de los demás, que pueden comprenderse mejor analizando las tendencias. Por ejemplo, cuando alguien que es proclive al nerviosismo se pone nervioso, se le debe considerar de forma diferente a cómo consideraríamos a otras personas. Procure entender las peculiaridades de cada persona, pero sin al mismo tiempo permitir que los excesos de la gente le desanimen más de la cuenta.

Intente también ser consciente de los sesgos personales, ya sean los ajenos o los suyos propios. Estos pueden surgir de forma inconsciente, así que tenga cuidado a la hora de considerar errores y malentendidos. Cuando estos se producen en los demás, intente ser educado con ellos sin consentir que las falacias le influencien. Si hace esto a diario, no solo mejorará su habilidad para leer a los demás: su forma de pensar también se verá beneficiada.

Otra cosa que debemos tener presente al analizar a los demás es el momento y la forma en que debemos confiar en nuestra intuición. Por extraño que suene, nuestra primera impresión de los demás tiende a indicar con bastante precisión cuál es su verdadera personalidad, o de qué manera vamos a percibirlos. No obstante, a veces estas intuiciones fallan desde su propia base, lo cual es bastante perjudicial, porque a veces estas impresiones perduran durante mucho tiempo sean acertadas o no.

Aunque las primeras impresiones son muy útiles, debe usted ser capaz de actualizarlas rápidamente cuando algo le indique que podrían estar totalmente equivocadas. Por lo general, debería usted confiar en estas impresiones; quizá más de lo que confiaría en su propio intelecto. Los estudios demuestran que con frecuencia se nos toma exactamente por lo que somos. Cuando otros individuos observan ciertos rasgos de nuestra personalidad, como la conciencia, la religiosidad, la confianza y la extroversión, por ejemplo, suelen hacerlo de una manera que se correlaciona con cómo son ellos en realidad. Otro aspecto a tener en cuenta, aunque se trate de uno de una naturaleza más física, es el atractivo. Solemos caer mejor y atraer más personas a nuestro lado si contamos con esta característica.

Las personas atractivas no solo suelen caer mejor, sino que se las suele percibir con mayor precisión. Otro aspecto físico muy importante que los demás acostumbran a percibir es la indumentaria. Si usted se viste normalmente de forma más formal y conservadora, así es como a menudo lo percibirán las personas a las que conozca. Si vestimos de forma más liberal e informal, la gente también nos percibirá en consecuencia.

Vestir de forma liberada se conoce como una afirmación de identidad. Tanto si se da usted cuenta como si no, la forma en que viste compone una afirmación política en cierto sentido, y lo mismo ocurre incluso con los productos que compramos. A menudo se nos juzgará según estas dos tendencias, así que analizar lo que viste y lo que compra a diario podría resultarle beneficioso. Como resultado, podría usted aprender a expresarse mejor, y quienes le rodean se darán cuenta de ello.

La inteligencia es un aspecto que resulta difícil de captar únicamente por la apariencia. Como regla general, no obstante, las personas graciosas son más propensas a ser inteligentes.

La confiabilidad es una de las cualidades más importantes de las personas; puede que la más importante a nivel interpersonal. Sin embargo, puede ser una cualidad engañosa, ya que a veces los demás puede engañarnos para que confiamos en ellos. Según varios estudios, dos de los aspectos que más comúnmente se buscan a la hora de confiar en los demás es el mimetismo a nivel de discurso y de actitud. Que una persona hable de la forma en que usted lo hace, o que muestre conductas o acciones similares, podría indicar tanto que están ajustándose genuinamente a usted o que están fingiendo dicha actitud para ganarse su confianza. Lo segundo, no obstante, es difícil de mantener durante mucho tiempo.

Como norma general, le irá mejor si confía en personas que sean emocionalmente expresivas con su lenguaje corporal. Esto se debe a que está demostrado que dichas personas suelen cooperar mejor con los demás. Por lo general, que algunas personas sean más emocionalmente expresivas que superiores en cuanto a emociones positivas es un buen indicador de confiabilidad. Solo porque alguien resulte amistoso, amable o cualquiera de las características antes mencionadas no significa necesariamente que se pueda confiar más en ellos. En general debería usted poner cuidado en quién confía.

Otra característica importante a observar en la gente a la que conoce es su disposición, o la falta de la misma, a servir sus intereses superiores. Normalmente se puede deducir si alguien nos resultará beneficioso o no en el momento en que lo conocemos. Un estudio llegó a demostrar que, al presentarnos fotografías reales y falsas de identificación criminal, no somos capaces de discernir quién es un verdadero delincuente y quién no.

Si bien debería usted tratar de evitar los estereotipos y las generalizaciones apresuradas, también debería procurar mantener una cantidad saludable de escepticismo cuando no esté seguro de qué pensar acerca de otro. En esta situación, como en cualquier otra, es mejor prevenir que curar. A la hora de discernir quién respeta nuestros intereses y quién no, el primer paso (que mucha gente se salta) es sencillamente prestar atención a los demás cuando hablamos con ellos, sobre todo a gente nueva. Se ha demostrado que si nos mantenemos motivados, conscientes y analíticos, juzgamos mejor y más rápido la personalidad de los demás. Por lo general, hacemos mejor las cosas cuando mantenemos estas actitudes, así que aprovéchelas al máximo en conjunción con la ventaja que le proporcionan sus habilidades.

Para deducir si una persona está o no de nuestro lado, otro aspecto importante a tener en cuenta es el lenguaje corporal que normalmente se asocia con la mentira. Esto incluye cruzarse de brazos, apartar la mirada y alejarse de la persona a quien se ha embaucado. Tenga cuidado con alguien si empieza a percibir estos patrones en él.

El siguiente aspecto a recordar a la hora de analizar a los demás es especialmente útil para la gente joven y/o soltera. Se trata de considerar si alguien está flirteando o no con usted. Un aspecto muy importante para saber si alguien está interesado románticamente en nosotros es el hecho de que nuestras percepciones al respecto están tristemente sesgadas. Los estudios indican que la mayoría de las mujeres, sin tener en cuenta su atractivo, suelen subestimar cuan atraídos se sienten los hombres hacia ellos. Por el contrario, los hombres poco atractivos acostumbran a sobreestimar la atracción que las mujeres sienten por ellos. Existe un consenso común en cuanto a que los hombres atractivos sí suelen juzgar acertadamente si el resto de la gente se siente atraída por ellos, y normalmente les cuesta menos que a los demás formular juicios acertados al respecto.

Hay que recordar, no obstante, algunos aspectos importantes cuando tratemos de determinar si alguien siente atracción por nosotros o no. Para los hombres, tal como demuestran los estudios, el indicador más fiable es que una mujer hable con ellos rápida y fluidamente. Si por otra parte la mujer le habla con nerviosismo e indecisión, esto podría indicar que no se siente muy interesada en usted. Pero que esto no le desanime.

Tanto hombres como mujeres tienden a hablar con voz más suave cuando se comunican con alguien del sexo opuesto que les resulta atractivo. El contacto físico, como podrá imaginar, es aún mejor indicador de interés sexual.

Si utiliza estos axiomas básicos, debería ser capaz de deducir más acertadamente si una persona se siente atraída hacia usted o no. Si se fija en esta clase de señales cuando hable con los demás, quizá descubra que es usted más atractivo de lo que pensaba; o quizá, esperemos que no, menos atractivo de lo que creía.

En resumen, hay muchas cosas diferentes de las que debemos ser conscientes en el momento en que analizamos a los demás. Estas pueden variar mucho según el propósito de sus análisis. Sin embargo, hay algunos aspectos básicos a recordar en cuanto a todo lo mencionado anteriormente, incluyendo:

Evite caer en errores que suelen cometerse

Estos errores incluyen: ignorar el contexto de la conversación, ignorar las tendencias de las personalidades ajenas, no darse cuenta del punto de partida de las características de su interlocutor, e ignorar los sesgos de los demás, así como los suyo propio.

Siga sus corazonadas y confíe en sus primeras impresiones

Recuerde que sus primeras impresiones son normalmente más que válidas. La gente suele ser genuinamente tal y como se muestra, y si bien corregir una primera impresión deficiente puede llevar tiempo, estas impresiones suelen ser buenas indicaciones sobre cómo comunicarse mejor con los demás.

Fíjese en el mimetismo de discurso y de actitud, y fíese únicamente si es consistente

La imitación indica a menudo si la persona en cuestión está de acuerdo con usted, pero solo si se mantiene consistente durante un buen período de tiempo. Debe observarse que el mimetismo también puede usarse para el engaño, así que tenga cierta cautela al observarlo.

Ande con cuidado con las malas personas

Este es uno de los mejores consejos que nunca oirá o leerá. A menudo podrá usted distinguir a la gente buena de la mala sin saber apenas nada de ellos. Si bien debe evitar los estereotipos y las generalizaciones apresuradas, está usted obligado a velar por sus propios intereses y discernir a quién quiere realmente en su vida y a quién no.

Al flirtear, observe el tacto y las voces profundas

Estas son las dos mejores formas de saber si alguien está interesado románticamente en usted. Si está usted atento a estas señales y a los demás les gusta, le resultará más fácil conseguir citas y demás.

Aplicar cualquiera de estos principios, o todos ellos, le conducirá a situaciones sorprendentes y a tener mejores relaciones. A medida que desarrolla su don de gentes y practica estos trucos y técnicas, su red social se construirá por sí sola, y empezará a atraer con más facilidad la clase de atención que prefiere recibir.

Capítulo Diez: Señales Que Indican Que Alguien Podría Estar Engañándole

Este capítulo, en contrapunto a los anteriores, se centrará exclusivamente en el análisis de texto en lugar de en el lenguaje corporal y los gestos. El principal propósito de esto es procurarle mejores armas para detectar engaños y falsedades.

A continuación, se enumeran varios aspectos que las falsas narrativas tienen en común según varios estudios universitarios. Aunque estas características narrativas no son concluyentes de por sí para demostrar que hay falta de honestidad, suelen ser buenos indicadores al respecto. Prestar atención a estos aspectos en la narrativa de otras personas le proporcionará un buen punto de partida para conjeturar si están mintiendo o no.

Sus narrativas carecen de autorreferencias

La gente suele evitar referenciarse a sí misma cuando trata de engañar a los demás con su discurso. Esto suele hacerse excluyendo el pronombre "yo", así como usando la voz pasiva. Normalmente, las personas honestas no son siquiera capaces de expresarse sin usar el pronombre y la voz activa, pero con toda seguridad, alguien que intenta mentirle evitará usarlos.

Otra forma interesante con la que los mentirosos suelen evitar las autorreferencias en sus narrativas es reemplazando el pronombre "yo" por el pronombre "tú". Esto les permite compartir detalles que podrían ser incriminatorios a la vez que culpabilizan a otra persona, al menos en sentido gramatical. Y en muchos otros casos, el embaucador evita usar cualquier pronombre sin más. En ocasiones, usarán frases en las que ningún pronombre sustituya a ningún concepto, lo cual no culpabilizará a nadie ni nada por los eventos que puedan haber tenido lugar.

Utilizan tiempos verbales extraños

Por lo general, cuando decimos la verdad en cuanto a eventos históricos, utilizamos el pretérito. Por el contrario, cuando alguien miente acerca de un evento histórico, suele inclinarse por usar el presente. Si usted oye a alguien rememorar eventos pasados mientras habla en presente, suele ser un buen indicador de que están ensayando activamente la naturaleza de los eventos en los que están pensando. Al sustituir el pasado por el presente, se comunican habitualmente ciertas acciones de una manera que no es descriptiva ni sólida. Es una forma de abordar la cuestión de forma indirecta y dar la impresión de que puede haber ocurrido en cualquier momento y de muchas formas distintas. Esté atento a estos cambios de tiempo verbal cuando alguien hable sobre ciertos acontecimientos, ya que suelen revelar con acierto la existencia de cierta falacia.

Un aspecto a observar en los cambios de tiempos verbales es que la recolección de los eventos antes o después del cambio verbal puede ser cierta o no. Esto también ocurre cuando se rememoran eventos al mismo tiempo en que se cambia el tiempo verbal: lo más probable es que los detalles se manipulen, o bien sean erróneos, durante dicho cambio. Sin embargo, es conveniente no precipitarse al juzgar estos cambios verbales.

Contestan una pregunta con otra

Incluso las personas más deshonestas prefieren no mentir si pueden evitarlo. En lugar de contestar las preguntas de los demás con mentiras, lo que a menudo incrementa el riesgo de ser descubiertos, las personas mentirosas prefieren eludir la pregunta por completo, para lo cual utilizan varios métodos. Uno de los métodos más comunes es contestar la pregunta con más preguntas. Por ejemplo, quizá intenten preguntarle a su interlocutor qué motivo tienen para cometer el acto discutido, o preguntarle cómo se siente realmente al respecto. Esquivarán la pregunta de cualquier manera posible para así no dar respuestas que les expongan a ser incriminados. De tal modo que, si al hacer preguntas no recibe usted otra respuesta que no sea en forma de pregunta, no se tome esas preguntas en serio y procure insistir un poco más para conseguir una respuesta honesta y explícita.

Tienden a equivocarse

Esta es otra forma con la que la gente deshonesta esquiva las preguntas. Quienes mienten acerca de las circunstancias de ciertos eventos tienden a menudo a minimizar lo que están comunicando por medio de expresiones ambiguas e inciertas y de modificadores poco sólidos. Algunas palabras son más reveladoras que otras a la hora de detectar una equivocación, como por ejemplo: *podría, más o menos, aproximadamente, quizá, tal vez, puede ser, en cierto modo, supongo* y *creo*. Estas expresiones y afirmaciones vagas le resultan útiles a los mentirosos para retractarse y modificar sus rememoraciones de eventos pasados sin que se detecte su falta de honestidad.

Los titubeos les vienen de perlas a los mentirosos, porque son evasivos y les permite desprenderse un poco del tema en cuestión sin llegar a profundizar. Algunos de los verbos que más comúnmente se utilizan sin mostrar ningún compromiso a la validez del asunto discutido son: *supongo, me imagino, me figuro, creo* y *pienso*. También hay adjetivos y adverbios evasivos, como *quizá, tal vez, principalmente, casi,* y *aproximadamente*. Los mentirosos también recurren a calificativos imprecisos y evasivos, que incluyen *más o menos* y *puede decirse que*.

Hacen juramentos complacientes

Los mentirosos recurren a menudo a juramentos que tienen por objetivo complacer y convencer a los demás de su inocencia, como "lo prometo por lo que más quieras", "lo juro por Dios" o "lo juro por mi vida". Estas expresiones aparecen con más frecuencia y menos significado en boca de alguien que está mintiendo, mientras que quienes dicen la verdad las utilizan menos. Los que dicen la verdad confían más en hechos que en palabras, como debe ser; y como resultado, se sienten menos inclinados a reforzar sus afirmaciones con juramentos que a veces son innecesarios. Cuando note que una persona repite una cantidad inusual de juramentos, debería ser un tanto cauto con esa persona y sus promesas.

Utilizan más eufemismos de la cuenta

Cuando alguien es culpable de algo, puede ajustar su lenguaje de varias formas para ocultar sus actos o proteger su ego. Puede que los consejos antes mencionados ya le hayan esclarecido esto. Una de las formas con las que la gente deshonesta ajusta su lenguaje es utilizando eufemismos en lugar de descripciones precisas, lo cual permite minimizar la severidad de sus actos. Algunos ejemplos de estas palabras sustitutivas son "advertir" en lugar de "amenazar", "chocar" en lugar de "golpear", "tomé prestado" en vez de "cogí" y "desaparecido" en lugar de "robado". Tenga siempre cuidado con la forma en que los demás recurren a eufemismos para intentar engañarle y será usted mucho menos vulnerable al engaño.

Aluden a acciones

A menudo, los mentirosos se limitan a aludir a las acciones en lugar de admitir su propio papel en ellas. Por ejemplo, afirman con frecuencia que "necesitan" o "quieren" hacer ciertas cosas en lugar de afirmar que las han hecho. Esto les sirve normalmente para lavarse las manos o hacer una afirmación evasiva para negar que han hecho algo malo. Los que mienten se sirven de esta táctica para atribuirse a sí mismos un papel de observadores y no de participantes. Les resulta conveniente, porque pase lo que pase a su alrededor, no asumirán la responsabilidad de nada.

Apenas hay detalles en sus afirmaciones

Normalmente, las afirmaciones sinceras incluyen muchos más detalles que las falsas. Esto se debe a que las declaraciones sinceras acceden a la memoria a largo plazo, la cual tiende a registrar y recordar detalles más específicos de lo que experimentamos. Si alguien dice la verdad acerca de un evento o situación del pasado, será mucho más probable que puedan recordar los detalles más pequeños. Por otra parte, cuando mentimos respecto a eventos y situaciones pasadas, nuestros testimonios tienden a ser más breves y menos llenas de detalles. Principalmente, esto se debe a que la mayoría de la gente no posee imaginación o energía suficiente para crear detalles específicos para eventos del pasado. A la mente le resulta mucho más fácil echar mano de lo que realmente ha ocurrido. Las afirmaciones falsas suelen carecer de detalles, ya que los mentirosos procuran adoptar un punto oscurantista en cuanto a los eventos que se han producido. Después de todo, es mucho más difícil refutar una narración en la que hay muy pocos elementos y detalles presentes. Tanto si los detalles en cuestión son útiles o arbitrarios, lo importante a la hora de discernir si alguien dice la verdad o no es la presencia de numerosos detalles. Céntrese en los detalles cuando intente analizar la narración de otra persona. En lo que a confiabilidad se refiere, cuantos más detalles, mejor.

A sus narraciones les falta equilibrio

Aquí nos adentraremos en una de las reglas más importantes de la estructura narrativa. Toda narración contiene tres partes: el prólogo, el evento crítico y el desenlace. Entre un 20 y un 25% de una narración típica consiste en el prólogo, más un 40-60% que compone el evento crítico y entre un 25 y un 35% del desenlace. Si cualquiera de estas partes de una narración particular se desvía demasiado de estos números, existe una buena probabilidad de que sea falsa. Si alguna parte es demasiado corta, esto podría indicar que se han desechado o pasado por alto. Si por el contrario alguna parte es demasiado larga, dicha parte podría haberse rellenado con información falsa.

Puede resultar difícil analizar esto en los relatos de los demás, porque de normal es difícil saber cuándo una narración va a terminar, o hacia dónde se encamina. Sin embargo, cuando la narración se ha completado, es más fácil retroceder y analizar su equilibrio.

Se desvían de la longitud habitual de los enunciados

El promedio de longitud del enunciado (o PLE) es una medida básica del número de palabras que hay en una oración normal, que suele variar entre 10 y 15 palabras por frase cuando estamos relajados y decimos la verdad. En cambio, cuando alguien miente, suele ponerse nervioso y añadir u omitir muchas palabras. Esto produce variaciones en sus PLEs, algo a observar atentamente en sus narraciones.

Siguen un orden cronológico estricto al recordar los eventos

Es natural que la memoria salte hacia atrás y hacia adelante a través del tiempo cuando se recuerdan los eventos. Esta es una de las formas que su mente tiene para reunir más pistas de contexto al recordar más detalles a través de más períodos de tiempo en los que el evento ocurrió. El cómo se recuerda un evento o situación siempre está mucho menos organizado que cómo ocurrió realmente. Por otra parte, cuando las personas ficcionalizan los acontecimientos, tienden a crear cadenas estrictamente cronológicas de eventos que parecen mucho más ordenados y/u organizados. Esta es una forma conveniente de construir una narración, pero también está divorciada de la realidad de cómo funcionan nuestros recuerdos. Hay que tener en cuenta las narraciones que parecen demasiado claras y demasiado "a-b-c" en la forma en que se presentan. Siempre debe esperarse más desorden y más caos en la narración de una persona.

Como costumbre, los mentirosos hacen muchas pausar al compartir sus relatos de los hechos, lo que les proporciona tiempo para crear detalles ficticios, así como para alterar otros detalles que podrían incriminarles.

Para dicho fin, hay muchas formas diferentes con las que la gente puede mentir de forma eficaz. Si sospecha que alguien le está mintiendo, saber en qué fijarse es crucial para que no se aprovechen de usted. Si aplica algunos de los consejos mencionados anteriormente en sus conversaciones diarias, tal vez descubra que le mienten más de lo que creía inicialmente. Persista en su búsqueda de detalles reveladores de mentiras y podrá discernir mejor si le mienten o no. Esto a su vez desanimará a los demás a mentirle en el futuro. En conjunto, le resultará mucho más fácil hablar con los demás y quizá se encuentre con que incluso le respetan más.

Capítulo Once: Cómo Leer Rápidamente a la Gente

La pregunta que surge ahora es: ¿qué podemos hacer cuando no tenemos mucho tiempo para analizar a otra persona y solo queremos hacernos una idea rápida de la misma? Aunque lo normalmente aconsejable es conocer a la gente en profundidad antes de intentar analizarla, siempre habrá ocasiones en las que usted tendrá que leer rápidamente a los demás. Hay muchas cosas a tener en cuenta para evitar caer en estereotipos y conclusiones precipitadas, pero, por otra parte, usted debe saber cómo moverse en conversaciones con personas a las que no conoce muy bien. A continuación, discutiremos algunos de los aspectos más comunes e importantes en los que fijarse, para lo cual nos centraremos principalmente en los tipos MBTI en sus diversos componentes.

Como recordatorio, las cuatro áreas principales en que se clasifican los tipos MBTI son: nuestro mundo favorito, la información, las decisiones y la estructura.

Su mundo favorito se refiere en este contexto a sus niveles de extroversión (E) o introversión (I). Puede determinar cuál es su mundo favorito o el de otra persona según aquello en lo que decidan centrarse, su mundo interior o su realidad externa.

La siguiente dimensión es la información, o mejor dicho, la forma en que usted procesa la información. Si usted prefiere centrarse solamente en la información que absorbe, se le podría etiquetar como sensitivo (S). Si por el contrario prefiere interpretar la información que recibe para reajustarla y aplicarla, se le categorizaría más bien como intuitivo (I).

La tercera dimensión es su toma de decisiones. Si al tomar decisiones prefiere buscar cosas como consistencia y lógica, se le podría etiquetar como pensador (T). Si, por otra parte, prefiere enfocar cada caso según las personas implicadas y sus circunstancias especiales, recibe la etiqueta de sensitivo (F).

Finalmente, la última dimensión es la estructura. Tiene que ver con el lugar que ocupa y las acciones que realiza dentro de su realidad externa. Si prefiere tomar decisiones y extraer conclusiones al lidiar con el mundo externo, se le consideraría racional (J). Si en cambio prefiere mantenerte abierto ante nueva información y puntos de vista, se le categoriza como perceptivo (P).

Cuando estas cuatro áreas de personalidad se combinan, crean 16 tipos diferentes de personalidad. Por supuesto, esto nos expone al riesgo de simplificar en exceso, pues las personas varían enormemente entre sí y no se las puede categorizar sin más en 16 tipos distinto sin que surjan algunos problemas. No obstante, estos tipos nos confieren una buena guía en cuanto a las características más comunes de las personas a las que conocemos, lo que puede resultar especialmente útil para leer rápidamente a los demás.

La que quizá es la dimensión de personalidad más importante que mencionaremos es la de extroversión frente a introversión.

Entre estos dos tipos, los extrovertidos muestran normalmente más energía física y se animan mucho más al hablar con otros. En cambio, los introvertidos acostumbran a contenerse físicamente y a menudo se muestran más reservados y tranquilos en su actitud y su forma de hablar. Al participar en grupos, no es ninguna sorpresa que los extrovertidos se desempeñen bastante mejor que los introvertidos. En grupos, los extrovertidos suelen obtener más energía y esforzarse más por ser el alma de la fiesta, lo que les hace ganar apoyo social y la confianza de los demás. Por el contrario, los introvertidos tienden a replegarse en presencia de grupos y raramente son el alma de la fiesta. Al comunicarse, los extrovertidos son interlocutores más acelerados, bulliciosos e implicados que los introvertidos, y comparten más información. Esto les confiere a veces ventaja en debates y discusiones, pero también puede llevarles a no ser muy precisos con sus palabras. Por su parte, los introvertidos prefieren hablar menos, centrarse más en cualquiera que sea el tema preciso del que están hablando y profundizar más en detalles que los extrovertidos. La gente extrovertida suele ser muy abierta al hablar con los demás y encuentran la mayor parte de su energía en sus interacciones con otras personas. En cambio, los introvertidos son menos propensos a propagar su personalidad y prefieren abrirse únicamente a un número reducido de personas.

La siguiente dimensión de la personalidad es la forma en que la gente procesa normalmente la información. Esta dimensión suele clasificarse como una preferencia hacia o bien la sensación, o la intuición.

Cerca de un 35% de los estadounidenses se clasifican como intuitivos, mientras que aproximadamente un 65% son sensitivos. Por lo tanto, las personas comunes a las que conozcamos serán más probablemente sensitivas. Un ejemplo de las diferencias entre ambas dimensiones es el siguiente: si usted le mostrara una manzana a una persona sensitiva y otra intuitiva, la primera le dirá generalmente qué tipo de manzana es, qué tipo de tacto tiene entre sus manos y qué aspecto y tamaño tiene. La intuitiva, en cambio, será más propensa a hablarle de los recuerdos, impresiones y asociaciones que relaciona con las manzanas. Una persona podría considerarse pragmática, mientras que la otra quizá tenga una personalidad más amplia y vaya menos al grano al hablar. Sin embargo, ambas personas sirven sus propios propósitos: la intuitiva tiende a considerar el lenguaje de manera más juguetona, mientras que los sensitivos lo ven más como una herramienta. En lo que se refiere al humor, los individuos sensitivos se decantan más por el humor directo y burlón, mientras que los intuitivos prefieren normalmente un humor más cerebral. Las personas intuitivas también se inclinan más por modificar y resumir la información que transmiten, mientras que las sensitivas suelen ir más al grano con lo que dicen. En cuanto a la compostura física, los sensitivos suelen conducirse de forma más elegante, mientras que los intuitivos tienden a ser un tanto más desgarbados, a tropezarse con otras cosas y a no darse cuenta de cuándo les está yendo muy bien.

La siguiente dimensión de tipos MBTI de personalidad a examinar es la preferencia de cada persona a la hora de tomar decisiones. Esta dimensión se divide en dos grupos principales: los pensadores y los expresivos.

Dentro del conjunto de la población estadounidense, el 65% de los hombres son pensadores y el 65% de las mujeres son expresivas. Esta dimensión es la que depende generalmente más del género de entre todas las mencionadas aquí. Los individuos expresivos buscan a menudo corresponder el altruismo y buscan constantemente formas de ayudar a quienes lo necesitan, aun a su propia costa. Esto hace que se les conozca por su simpatía y su amabilidad. También les cuesta menos compartir su información personal y sus opiniones con los demás, además de ser más sentimentales y románticos y de sentir poco apego por la violencia, la vulgaridad y la acción que encuentran en los medios que consumen. Por dichas razones, podría argumentarse que, en su conjunto, desarrollan un mejor gusto que los pensadores. Estas personas son también más propensas a ganarse la reputación de ser más blandas y vulnerables que los pensadores, quienes habitúan a ser más asertivos y a parecer más seguros de sí mismos. Los pensadores prefieren ser más directos al hablar con los demás, y no suelen tomarse las cosas de forma personal cuando surge una mala situación. En general, a los individuos expresivos se les da mejor encontrar puntos en común en cuanto a intereses y personalidad, mientras que a los pensadores se les da mejor encontrar diferencias en ambas características.

La siguiente dimensión de personalidad que debería considerarse es la de la estructura, o mejor dicho: la forma en que una persona percibe sus acciones dentro de su realidad externa. Esta dimensión tiende a dividir a la gente en dos categorías: calculadores y perceptores.

Aproximadamente el 60% de los estadounidenses son calculadores, mientras que cerca de un 40% se consideran perceptores. En cuanto a sus respectivas conductas, a los calculadores se les percibe habitualmente como gente formal, mientras que a los perceptores se les considera más casuales. Esto hace que los calculadores suelen ser más respetados y los perceptores tengan más amistades ocasionales. Los calculadores acostumbran a ser más serios y contenidos y a andarse con pocos rodeos. Los perceptores, por otro lado, tienden a ser más divertidos, cariñosos, alegres y bromistas. Suelen tomarse las cosas con un poco menos de seriedad, aunque pueden ser tan trabajadores y eficientes como los calculadores. Las personas calculadoras también destacan en cuanto a que prefieren hacerse cargo de las situaciones con que se topan, al contrario que en el caso de las personas perceptoras, que son más dadas a seguir la corriente y adaptarse a los problemas según aparezcan. Normalmente son los calculadores los que se ganan la reputación de ser más tranquilos y sosegados, mientras que a los perceptores se les considera un tanto más nerviosos y atolondrados. También cabe mencionar que los calculadores son generalmente más eficientes a la hora de administrar su propio tiempo.

En materia de comunicación, las personas calculadoras suelen ser un poco más decididas. Esto les confiere una gran ventaja, sobre todo estando cerca de personas más indecisas. A los perceptores, en cambio, les cuesta mucho más tomar decisiones, especialmente las importantes. Suelen dedicar mucho más tiempo a hacer deliberaciones, y les gusta normalmente considerar con cuidado todas sus opciones antes de decidirse. En lo que se refiere a dar opiniones, los calculadores suelen ser mucho más asertivos y directos. A menudo pueden ofender a los demás por su franqueza, pero se aseguran de que sus opiniones se escuchen alto y claro. Por el contrario, los perceptores suelen ser más flexibles al opinar y reflexionan con cuidado antes de tomar ciertas líneas de actuación. Los individuos calculadores prefieren por lo general los procedimientos claros, las reglas, la estructura y la formalidad, mientras que los perceptores se decantan más por líneas de actuación liberales, cómodas y, en ocasiones, ambiguas. En suma, a los calculadores se les da mejor mantener el orden fundamental de las cosas, mientras que los perceptores tienden más a romper y reestablecer procedimientos y estructuras jerárquicas.

Deténgase un momento para practicar sus habilidades de lectura personal. Piense en alguien a quien conoce. ¿Coincide alguna de sus características de personalidad con las descritas anteriormente? ¿Se trata de una persona extrovertida o introvertida? ¿Intuitiva o sensitiva? ¿Pensadora o expresiva? ¿Calculadora o perceptora? La mayoría de las personalidades de la gente existe dentro de cierto espectro. Por tanto, la mayoría de la gente a la que conocerá mostrará, en algún momento, alguna de las características y/o subcategorías que hemos enumerado, o todas ellas. Descubrirá, no obstante, que algunas de estas características dominan a otras en cuanto a la personalidad de ciertas personas.

Ahora que hemos examinado las dimensiones básicas de los tipos MBTI de personalidad, discutiremos cuáles son las estrategias comunicativas más eficaces para tratar con estos tipos variados. Si aplica usted estos principios en su vida diaria cuando lo considere necesario, verá pronto que se comunica mejor con la gente con la que toma contacto. Veamos ahora algunos consejos y técnicas para comunicarse con los demás según cada subcategoría del sistema MBTI.

Cuando hable con extrovertidos

Evite comunicarse con ellos en forma escrita y cíñase a la comunicación verbal.

Deles espacio para pensar en voz alta.

Proporcióneles en todo momento una amplia variedad de temas para mantenerles implicados.

Procure no analizarles en exceso cuando surja algún problema. En vez de eso, mantenga la comunicación a un buen ritmo.

Intente hacerles tomar acciones inmediatas después de reunirse con ellos.

Cuando hable con introvertidos

Céntrese ante todo en ellos, y dedique más tiempo a escuchar que a hablar.

Afronte los temas de conversación uno a uno según vayan surgiendo.

Comuníquese más por escrito.

Dedique tiempo, tanto para ellos como para usted mismo, a reflexionar y considerar las cosas.

Intente no interrumpirles cuando hablen.

Cuando hable con alguien sensitivo

Sea claro cuando discuta el tema en cuestión y procure no desviarse demasiado del mismo. Refuerce lo que usted dice con casos, ejemplos y hechos.

Cuando presente información, hable de manera práctica y vaya paso a paso respecto a la cuestión a la que intenta llegar.

Procure terminar sus frases. Evite las pausas y las interrupciones.

Cuando hable con alguien intuitivo

Empiece por comunicar el conjunto general de lo que trata usted de decir, y sea claro al hacerlo.

Busque más las metáforas, las analogías y los símiles. No se centre principalmente en hechos; en vez de eso, hable sobre ideas y conceptos.

Busque ideas y formas de implicarlos a nivel imaginativo.

Deles espacio para encontrar posibilidades en lo que usted tiene que decir. Permítales responder con sus propias conclusiones y encuentre utilidades en lo que dicen por su parte.

Cuando hable con alguien pensador

Valore la organización y la lógica en lo que usted intenta decir.

Antes de hablar, considere el ritmo lógico de lo que está a punto de decir. Asegúrese de que todas las piezas encajan fácil y naturalmente.

No se centre demasiado en cómo se sienten respecto a lo que usted dice. Céntrese más bien en lo que piensan acerca del contenido.

Cuando hable con alguien expresivo

Empiece por hablar de las cosas en las que ambos están de acuerdo.

Asegúrese de dejar claro que valora su opinión, y que comprende y respeta sus emociones.

Céntrese en la relación que le une a esa persona y no únicamente en los hechos y la información presentes.

Mantenga una cantidad aceptable de contacto ocular con él. Procure también sonreír y ser amigable.

Cuando hable con alguien calculador

Comunique lo que deba decir de forma rápida e inmediata.

No se exprese sin contar con un programa claro y asegúrese de cubrir todos los puntos que necesite.

Resuelva los problemas que aparezcan con brevedad y procure llegar rápido a conclusiones.

Intente ser lo más decisivo posible.

Sea eficiente y evite a toda costa hacerle perder el tiempo.

Cíñase a todos los planes con que se encuentre durante la conversación.

Cuando hable con alguien preceptor

Seguramente tendrán muchas preguntas para usted. Trate de responder bien a todas ellas.

Procure no obligarles a tomar ninguna decisión en concreto. Deles tiempo para considerar qué decisiones deben hacer.

Concédales oportunidades para discutir ampliamente opciones, cambios de dirección y oportunidades.

Observe sus procesos, así como los suyos propios, en lugar de en los resultados de dichos procesos.

Tome nota de sus contribuciones e inclúyalos a la largo de la conversación.

Estas son guías generales para hablar con gente de ciertas dimensiones de personalidad. Sin embargo, la gente no acostumbra a contar con una sola dimensión de personalidad, sino que cuentan con muchas dimensiones distintas y el indicador MBTI enumera tan solo cuatro. Dado que estas cuatro dimensiones colaboran y compiten constantemente entre sí, suele haber muchas capas y variaciones en cuanto a rasgos de personalidad. Por eso puede ser importante adoptar medidas comunicativas en cuanto a las múltiples dimensiones con que cuenta la personalidad de un individuo. Estas varían enormemente y se discuten con más detalle en el capítulo tres.

Si bien conocer las dimensiones individuales de cada persona es muy útil a la hora de comunicarse, dichas dimensiones no tienen por qué estar separadas una de la otra. Por lo tanto, considerar una sola dimensión al comunicarse con alguien e ignorar las demás podría suponer perderse buena parte de los rasgos de esa persona.

Nunca es recomendable leer rápidamente a los demás si lo que se pretende es analizarlos en profundidad, pero sí pueden proporcionarnos indicaciones acertadas sobre cómo hablar e interactuar con ellos o no. No obstante, hay que evitar por todos los medios no caer en el pensamiento categórico ni en las generalizaciones apresuradas. También se debe mencionar el hecho de que estas habilidades para leer a los demás deben usarse siempre para el bien común. Cuando lea a otras personas, asegúrese de tener presentes sus intenciones y de considerar las de los demás. A alguien educado en ciencia psicológica le resulta fácil manipular e incluso engañar a los demás para su propio beneficio, y esto ocurre con frecuencia. Aunque este es un aspecto tentador del campo psicológico, incluso para las personas más virtuosas, bajo ninguna circunstancia debería explotarse para el beneficio individual, como tristemente ocurre a menudo.

Como ya se ha mencionado, los tipos MBTI constituyen ante todo una guía general. Deben considerarse como indicaciones dinámicas, multidimensionales y en ocasiones imperfectas. No todas las personas a las que usted conocerá encajarán en las descripciones mencionadas anteriormente, así que los consejos comunicativos que hemos proporcionado no siempre serán igual de acertados. Es normal: la comunicación, igual que cualquier otro aspecto de la vida humana, es extremada y casi ridículamente compleja. Si en alguna ocasión le resulta difícil comunicarse con otra persona, aun conociendo su tipo MBTI y los procedimientos correctos para aplicarlos, tenga siempre presente que los humanos no son solamente tipos MBTI. Somos mucho más complicados, así que no se desanime si en el futuro se topa con alguna conversación que sale mal. En conclusión, estos consejos y técnicas desembocarán en ocasiones en éxitos parciales e incluso en fracasos, pero por lo general, le conferirán grandes ventajas al hablar con individuos de ciertos tipos MBTI.

Capítulo Doce: Mirando Más Allá de lo Obvio, Cómo Conocer las Verdaderas Intenciones y Motivaciones de la Gente

A menudo, la gente puede ser engañosa en cuanto a sus motivaciones e intenciones. Hay muchas formas con las que alguien puede encubrir sus verdaderas intenciones, pero de todos modos, hay también muchas formas con las que se puede detectar cuándo alguien no está siendo sincero respecto a lo que pretende al hablar con usted.

Deberíamos empezar este capítulo definiendo con exactitud los términos *finalidad* y *actitud*.

La *finalidad* es la razón por la cual alguien decide adoptar una determinada actitud. A veces es muy difícil analizar las finalidades, ya que suelen operar de manera inconsciente respecto a la persona y sus finalidades. La finalidad es lo que nos lleva a hacer todo cuanto decidimos hacer, y suelen funcionar de forma ajena a nuestra comprensión e incluso nuestro cuidado.

Una *actitud* es un manierismo, o un conjunto de manierismos y acciones, realizadas por una persona en particular. Suelen ser más fáciles de detectar para los observadores externos que las finalidades.

Una finalidad siempre arrastra consigo una actitud: la primera está supeditada a la segunda, la cual es necesaria. Si bien es a veces más fácil observar una actitud frente a una finalidad, es un error interpretar las actitudes por lo que simplemente parecen.

Las finalidades de la gente suelen ser extremadamente complicadas, y a menudo es difícil analizarlas correctamente. Aun así, es muy importante ser consciente de las finalidades ajenas. Los humanos somos animales sociales y mostramos un extenso rango de conductas y acciones en nuestra vida diaria. Analizar las finalidades y actitudes ajenas es aún más importante cuando pueden afectar a nuestra vida personal. Las conductas y palabras explícitas de la gente no suelen revelar demasiado sobre sus verdaderas finalidades, así que si queremos comprender realmente a otra persona, es importante saber descifrar qué nos está diciendo e identificar su verdadera intención.

Saber por qué la gente se comporta tal y como lo hace no solo le permitirá a usted discernir mejor su verdadera personalidad, sino que mejorará su habilidad a la hora de negociar con los demás. Adivinar las finalidades también le permitirá minimizar sus ataques. Las acciones suelen ocurrir de manera inesperada, así que es muy importante saber responder rápida y decisivamente. A menudo, la gente actúa de manera artificiosa o bien hostil cuando intenta ocultar sus auténticas intenciones. Saber qué quieren realmente le conferirá una gran ventaja táctica, y cuando actúen de forma anormal, percibirá usted mejor qué es lo que persiguen.

Una de las mejores y más conocidas herramientas para comprender las motivaciones humanas, amén de otras cosas, es la que se conoce como la jerarquía de las necesidades de Maslow. Se trata de un sistema que examina las motivaciones humanas desde una perspectiva ascendente y jerárquica: en la base de la pirámide se encuentran sus necesidades fisiológicas básicas, como la comida, el agua, la vivienda, etc. Solo cuando estas necesidades se han obtenido podemos cubrir nuestras necesidades respecto a la seguridad. A continuación, están nuestras necesidades románticas y afectivas; después, nuestras necesidades de autoestima; y finalmente, encontramos la necesidad de autorreconocimiento, que supone descubrir nuestro verdadero potencial. Según Maslow, la totalidad de las conductas y acciones humanas derivan de estas necesidades básicas. Al analizar cierta acción de una persona, es posible encontrar su raíz motivacional en una de las necesidades mencionadas anteriormente.

Maslow enumera diversos orígenes neurobiológicos para esas necesidades y sus funciones. El rombencéfalo, que controla nuestras funciones fisiológicas más esenciales, actúa por delante del mesencéfalo, que controla principalmente nuestras funciones emocionales y motoras, así como las funciones de nuestra memoria. Según esta premisa, podría decirse que la jerarquía de las necesidades de Maslow funciona en conjunción con varias partes del cerebro.

Pongamos por ejemplo que un extraño le ataca de pronto en mitad de la calle. La necesidad más importante que usted tendrá en esta situación será su seguridad, y deberá usted responder rápidamente a las acciones de su asaltante para evitar que la violencia vaya a más.

Si decide usted enfrentarse a su atacante, se expondrá usted a toda clase de riesgos: recibir una paliza, ser atacado por todo un grupo criminal o incluso quizá entrar en un conflicto con la ley. Todas estas posibilidades podrían resultar muy negativas. Por otra parte, el único resultado positivo que podría obtenerse sería el de ganar la pelea y salir relativamente ileso de ella.

Si en cambio usted procura establecer cuáles son las razones por las cuales esta persona le está atacando, podría encontrar una posible solución al problema. Su asaltante podría estar atacándole por muchas razones distintas: reforzar su ego, impresionar a miembros del sexo opuesto (esta razón solo se aplica en varones) o quizá fue otra persona la que le ordenó que le asaltara a usted.

También se puede extraer la conclusión de que, para calmar la situación, lo mejor sería reafirmar el ego de su agresor a la par que mantiene usted su amor propio. Este puede conseguirse manteniéndose asertivo con su agresor y diciéndole que le deje en paz. Aquí, mirar a los ojos puede ser importante. Es increíble la influencia que el contacto ocular puede tener en situaciones como esta. Si usted toma medidas para asegurar que el atacante desiste en su empeño sin provocar más altercados, es posible que consiga salir ileso de esta coyuntura.

Si en mitad de un conflicto consigue usted ser quien más mantiene la calma, es más probable que se gane el respeto de quienes le observan. Esto normalmente se traduce en ganarse el favor público por encima de su oponente. Es importante no mostrar señales externas de miedo, ya que pueden percibirse como una debilidad. También debe usted prepararse por si la situación termina por escapar de su control. Céntrese en estrategias de defensa propia, pero bajo ninguna circunstancia dé comienzo a agresiones físicas. Esté o no seguro de poder defenderse, muestre confianza en que será capaz de hacerlo. Esto le hará parecer más capacitado y puede que incluso más intimidante.

Siguiendo con la jerarquía de las necesidades humanas de Maslow, podrá usted ver que toda acción que ejecuta una persona es el resultado de sus necesidades específicas. Observar las acciones ajenas bajo este prisma le proporcionará una medida más fiable para saber qué buscan realmente los demás. En cuanto a la autopreservación, algunos de los aspectos más importantes son la psicología y la seguridad. Por lo tanto, es lógico que la gente actúe de manera más drástica de lo normal cuando estas necesidades se ven amenazadas. Esto se vuelve especialmente cierto en conflictos interpersonales.

Intentar adquirir experiencia cuando se determinan las finalidades ajenas es siempre la estrategia más útil a seguir. En este contexto, la observación natural es mucho más fiable que el estudio de los modelos psicológicos de las motivaciones humanas. La gente es siempre mucho más compleja en la realidad de lo que es en teoría.

Es muy natural fijarse en qué es lo que los demás podrían querer de usted. A menudo será difícil, incluso imposible, determinar las verdaderas motivaciones de la gente; pese a ello, debe usted esforzarse por determinar dichas motivaciones siempre que sea posible. Dos de los mejores métodos para esta tarea son el análisis de la tonalidad y el lenguaje corporal de la persona, y permanecer consciente del pasado de esa persona en lo que a temperamento se refiere. Analizar estos rasgos es un estupendo método para comprender mejor cómo es esa persona.

Tenga en cuanto que la gente no suele atacar por ninguna razón. La mayoría de las personas utilizan los ataques verbales para dañar el ego de otros, si bien usted se verá expuesto a veces a ataques más serios, que a su vez sirven propósitos más específicos. El carisma y la confianza pueden ser dos factores muy importantes para determinar cómo se resolverán estas situaciones. En la vida, usted se topará constantemente con personas que tienden a ser bruscas con los demás. En estas situaciones, procure no tomarse en serio las actitudes de los demás, porque normalmente lo único que intentan es encubrir sus propios defectos. Sea igualmente asertivo al dirigirse a ellos, y establezca límites y parámetros saludables en cuanto a cómo deberían comportarse con usted. Si se conduce usted de manera emocionalmente inteligente, podrá ver mejor a través de estos engaños y artimañas cuando se encuentre con ellos.

Otra estrategia comunicativa que utilizamos a menudo, ya sea consciente o inconscientemente, es fijarnos en las debilidades de los demás según las palabras que utilizan. Esto es algo que las mujeres hacen a menudo con los hombres para obtener una mejor perspectiva sobre quién es una pareja adecuada para ellas y quién no. Si da respuestas sólidas y seguras a las preguntas más suspicaces que se le presentan, será mucho menos probable que le ignoren o que se aprovechen de usted. En resumen, la gente le respetará mucho más.

Obviamente, la gente no siempre intenta herirle o dominarle. A menudo, los demás se comunicarán con usted con la intención de solicitarle algo u obtener algo de usted. Algunas de las cosas que la gente quiere habitualmente de usted se corresponden directamente con la jerarquía de las necesidades humanas de Maslow: consejos, sexo, dinero, etc. Debe permanecer alerta con quienes se muestren amables con el único objetivo de obtener algo de usted. Más personas intentarán aprovecharse de usted que a la inversa. Respecto a este fenómeno, Maquiavelo escribió una vez esta famosa analogía: "uno debe ser un zorro con el fin de reconocer las trampas y un león para ahuyentar a los lobos". Este consejo sigue siendo tan útil hoy como lo fue en la época en que se escribió. No obstante, este argumento no se opone al altruismo recíproco. Por mucho que debamos tener cuidado con ventajistas que intenten destrozarnos la vida y robarnos la energía con su toxicidad, no deje usted de tenderle la mano a los demás.

En la teoría del juego, uno de los juegos más comunes y exitosos que podemos jugar con los demás se llama "toma y daca". El objetivo de este juego es cooperar con los demás hasta el punto en que nos apuñalen por la espalda, momento en el cual debemos contraatacar. El toma y daca establece que, si bien debe usted perdonar a su oponente, esa estrategia le deja vulnerable a que se aprovechen de usted. Por suerte, existe otro juego en el que los demás no tienen margen de maniobra para aprovecharse de nosotros: es el llamado "Pávlov". La premisa principal de este juego es algo así: "Si cierta estrategia me da resultado, seguiré practicándola hasta que deje de funcionar". Esta estrategia puede conducirle a ganarse más respeto por parte de los demás y exponerse menos a que se aprovechen de usted. En suma, aunque el toma y daca gana muchas batallas, el Pávlov es el que normalmente gana las guerras.

Aunque los demás oculten sus finalidades o intenciones al hablar con usted, siempre habrá ciertas pistas que le indiquen cuáles son sus verdaderos objetivos. Las personas que desean algo de usted le observarán desde la perspectiva de qué puede resolver sus problemas. Aunque esto no siempre será beneficioso para usted, ayudar a quienes lo necesiten incrementará por lo general su influencia y su estima, siempre y cuando lo haga sin permitir que le pasen por encima.

La capacidad para adivinar las intenciones de los demás debe considerarse una habilidad a desarrollar durante el transcurso de nuestras vidas, y que debe practicarse a menudo. Al igual que cualquier habilidad, se volverá más fácil y precisa conforme se adquiera experiencia. También podrá usted calibrar mejor las acciones y conductas ajenas que le afecten de manera directa. Centrarse más en estas acciones y conductas, por encima de las que no le afectan directamente, hará que esté usted más capacitado para aplicar los principios que expuestos con anterioridad. Con el tiempo, también obtendrá una mejor perspectiva acerca de quién está siendo hostil, amigable, o algo en un punto intermedio. A menudo juzgamos erróneamente las conductas ajenas y las consideramos más hostiles o amigables de lo que realmente son, simplemente porque no tenemos una buena perspectiva sobre las actitudes relativas de esas personas. Quienes crecen rodeados de gente hostil mostrarán tendencia a no captar esa misma característica con frecuencia, y lo mismo pero a la inversa puede decirse de los que crecen en compañía de gente más afable.

Si usted quiere comprender mejor las acciones y las finalidades de otras personas, debe invertir mucho tiempo y energía en la práctica de analizarlas. Si se lanza usted de cabeza hacia una proyección superficial de los demás, estará destinado a caer en más errores y malentendidos que si se mantiene paciente en sus investigaciones. Es lo mismo que querer saber sin estar dispuesto a aprender. Otra habilidad importante al respecto es verbalizar lo que está usted analizando. Examinar las intenciones que sospecha tienen los demás ayudará a su cerebro a formar las conexiones necesarias para comprender mejor por qué hacen lo que hacen.

La manera más sencilla y menos invasiva de hacer esto es observar a la gente en público. Esta es una estupenda forma de adquirir experiencia para analizar las intenciones ajenas, y la mayoría de las veces puede hacerse sin que a los demás les importe o incluso sin que se den cuenta. Puede que recuerde usted muchas ocasiones en las que ya ha hecho esto con eficacia. De hecho, no es posible leer a los demás de forma competente sin haberlos observado de una forma u otra.

Esta estrategia es también de gran utilidad debido al hecho de que reduce las posibilidades de extraer algo negativo de las situaciones que se nos presenten. La gente a la que usted analice, en su mayoría, nunca estará hablando con usted ni tendrá nada que ver con usted. Esto también mejorará sus habilidades para analizar a las personas a las que conozca, lo que le proporcionará más poder y puede que incluso ventaja sobre otras personas. Si usted es un hombre, esto le hará normalmente más atractivo a ojos de las mujeres. Si es una mujer, necesitará echar mano de estas habilidades en uno u otro momento para mantener a raya a personas agresivas, ya sean hombres o mujeres. En ambos casos, es importante desarrollar estas habilidades, ya que le procurarán un mayor respeto y le harán menos propenso a ser manipulado. También le ayudarán a determinar mejor qué ocurre a su alrededor, o qué le ocurre a usted mismo.

Ahora que hemos expuesto algunos de los pasos a seguir para analizar mejor a la gente, sería útil discutir qué cosas debemos evitar al hacer lo propio.

Cuando se trata de analizar a los demás, muchos sesgos interpretativos perjudicarán su habilidad de comprenderlos mejor. Cuando observe a las personas más manipulativas y engañosas con las que se encuentre, se dará cuenta de algunas percepciones irracionales y engañosas que dichos individuos tienen respecto a sí mismos. Estas percepciones son innumerables, pero algunas tienen elementos en común, como la voluntad de dominar, el ensalzamiento propio hasta el punto de exagerar sus propias habilidades, y la falta de empatía. La gente es o se vuelve mala por varias razones. Cuando analice cuáles son las intenciones de los demás al hacer lo que suelen hacer, es importante no confundirse ni simplificar en exceso las motivaciones ajenas.

Las personas están notablemente expuestas a sesgos y errores de juicio que a menudo nublan nuestra percepción de las motivaciones ajenas, así como de muchas otras cosas que percibimos. Uno de los mayores obstáculos a la hora de analizar la conducta de los demás es la sobreexposición. En última instancia, lo único con lo que usted cuenta para emitir juicios es su experiencia personal; y de tal modo, las finalidades ajenas tienden a mezclarse con el complejo laberinto que existe en su propia mente, lo que expone a los demás a sus propios sesgos. Cuanto más observamos las conductas de las personas, más seguros nos volvemos en las conclusiones a las que llegamos. Sin embargo, esta confianza debe revocarse en ciertos momentos, porque al fin y al cabo operamos desde nuestra propia experiencia. Un gran método para analizar nuestros propios sesgos es repasar qué personas y cosas nos molestan y qué es lo que menos nos gusta de ellas. Así podemos observar qué tienen todas estas cosas en común y descubrir qué es lo que nos "provoca", por así decirlo, y qué no.

Estas son algunas de las razones habituales por las que nuestras valoraciones son a menudo imperfectas o incluso erróneas:

La gente tiende a no percibir ni comprender sus propias finalidades

Las marcas psicológicas no pueden analizarse directamente igual que las características físicas. Estas incluyen la disposición, las creencias y las preferencias que tan fácilmente se malinterpretan o se quedan a medias. Analizar a los demás se vuelve aún más complicado debido a que las personas solo comparten lo que quieren que oigan los demás, lo que a su vez coloca otro velo sobre la verdad que separa a dos o más personas. Por lo general, lo que usted verá de los demás es un personaje público y no una representación precisa de su verdadero carácter. Esto también complica el análisis de la finalidad. Existe también el problema de que la gente tiende a actuar en base a la aceptación social. Esto significa que, a veces, la gente ajusta sus conductas e incluso creencias para que coincidan con lo que el grueso de la sociedad prefiere. Esto añade una capa más a la falsedad de las afirmaciones de la gente, así como a las dificultades subsiguientes que surgen al analizar las finalidades de los demás.

Las motivaciones más poderosas son las del tipo implícito. Estas son las motivaciones que no proceden de procesos conscientes, y por lo tanto solo pueden analizarse dentro de lo que hacemos de manera inconsciente. Son las motivaciones más poderosas porque funcionan ajenas a nuestro conocimiento, lo que hace que sea imposible rastrear sus implicaciones. En lo referido a nuestras funciones diarias más importantes, suelen ser las motivaciones implícitas las que determinan lo que normalmente acabamos haciendo.

Es importante recordar estos consejos cuando analice sus propias motivaciones, así como las de los demás. Reconocer que es usted tan susceptible a sesgos y prejuicios como el resto de la gente le ayudará a percibir con más claridad los errores de su forma de pensar.

La gente interpreta la conducta en base a sus experiencias personales

Este punto está íntimamente relacionado con el anterior. Debe usted afrontar el hecho de que la mayoría de la gente considera que su propia perspectiva de la realidad externa es de algún modo la más acertada y menos problemática. Fíjese en cómo conducimos, por ejemplo. A todos nos gusta asumir no solo que conducimos mejor que nadie, sino que las habilidades de conducción son inherentemente inferiores y que deberían adaptarse a las nuestras. Es natural medir las conductas ajenas según las nuestras ya que, después de todo, ¿qué otros medidores tenemos? Dado que no existen estándares objetivos en lo que se refiere a la conducta, a menudo se extraen conclusiones erróneas. Cuando no se establecen límites firmes, las cosas tienden a hundirse en un interminable mar de interpretaciones posibles.

El sesgo en nuestras confirmaciones, y la forma en que arraigamos las mismas, también dificultan el proceso de interpretación. Estas dos tendencias nos hacen buscar pruebas que apoyen únicamente a nuestro conjunto inicial de presunciones. De este modo, somos más propensos a ignorar e incluso evitar toda prueba que contradiga o refute nuestro punto de vista.

Otro aspecto del análisis de la conducta es el papel que ocupan los rasgos sociales y cognitivos, la cultura y las emociones en la manera en que formamos nuestras opiniones. Si usted no consigue reconocer la importancia de estos factores cuando escucha a los demás, estará ignorando una parte importante del origen de las motivaciones de su interlocutor. Otras cosas, como el género, la edad y la raza o la etnia también pueden cumplir un papel importante en la interpretación de las finalidades ajenas.

Podría haber una superposición en sus conductas y sus finalidades

En otras palabras: una conducta puede tener muchas finalidades distintas según la situación y viceversa. Otra razón por la cual las conductas observables no siempre indican bien las finalidades es que a menudo podrían estar representando cualquier tipo de finalidad, de modo que algunas acciones se sacan de contexto o se entienden mal.

Otra dificultad yace en el hecho de que, en ocasiones, las personas tienen más de una finalidad bajo sus acciones y conductas, lo que dificulta aún más la tarea de analizarlas. Cuando esto ocurra, procure pensar qué necesidades tiene esa persona, y a qué otras necesidades se subordinan. Las jerarquías de necesidades de los demás se le harán claras de este modo. También descubrirá que, con frecuencia, la gente subordina sus propios objetivos mayores a sus objetivos menores. Esto hace que no siempre esté claro que pretende en última instancia esa persona, pero siempre puede usted buscar pistas contextuales en estas situaciones.

Si quiere describir con más precisión las conductas a su alrededor, también debería usted profundizar más en las motivaciones que persigue la gente y por qué. Si hace esto durante bastante tiempo con ciertas personas, le resultará más fácil encontrar hilos de unión en esas conductas.

Suele haber una mezcla entre finalidades y personalidad

Los rasgos de personalidad y de carácter son mucho más duraderos que las finalidades situacionales. Pese a ello, la gente tiende a deducir finalidades situacionales basándose en las personalidades de los demás. Aunque las finalidades y sus contenidos no siempre subvierten los rasgos de personalidad de quienes las exhiben, siempre es posible encontrarse con situaciones en las que finalidad y carácter tienen poco o nada que ver entre sí. La gente es extraordinariamente compleja, y a menudo hace cosas fuera del contexto normal de las situaciones. Cuando intente deducir la finalidad de los demás, evite a toda costa caer en la trampa de formar conexiones entre su carácter y la finalidad.

Las emociones tienden a alterar y camuflar la conducta normativa

Las emociones son otro factor que puede enturbiar las aguas cuando se trata de determinar las finalidades de los demás. De nuevo, las necesidades más básicas son las fisiológicas. Sin embargo, cuando las emociones nos abruman, nuestra fisiología cambia de muchas maneras. Las sensaciones de distracción, incomodidad, estrés, presión y euforia pueden cambiar drásticamente la forma en que funcionan nuestro cuerpo y nuestra mente. Si observamos cómo los medios manipulan nuestras emociones, es fácil ver lo mucho que dichas emociones importan. Los medios nos bombardean constantemente con mensajes que intentan reajustar la percepción de nuestras necesidades a través del contenido emocional que nos muestran. Esto puede cambiar la forma en que nos comportamos e incluso nuestra visión del mundo.

En conclusión, descubrir las verdaderas intenciones de la gente requiere mucho tiempo y práctica. Pero si se ciñe usted a los principios que hemos expuesto, y si evita caer en las trampas antes mencionadas, desarrollará habilidades que le permitirán determinar qué es lo que la gente quiere realmente de usted. No obstante, esto requiere un estudio cuidadoso durante un largo período de tiempo.

Conclusión

Gracias por leer *Cómo Analizar a la Gente: Una Guía Esencial de la Psicología Humana, el Lenguaje Corporal, los Tipos de Personalidad, la Persuasión, la Manipulación, la Conducta Humana y Cómo Leer a los Demás*. Este libro debería haberle proporcionado mucha información útil para analizar con acierto al resto de la gente. No piense que, solo por haber leído este libro, no le queda nada más que aprender sobre esta cuestión. Hay, como se ha mencionado, muchos otros libros que tratan este mismo tema, así que el siguiente paso sería leer más material relacionado.

El propósito de este libro era discutir una gran variedad de temas, incluyendo: los tipos MBTI de personalidad y cómo interactuar con cada uno de ellos, la tonalidad (su impacto y cómo analizarla), cómo conectar mejor con los demás, la detección inmediata del engaño, cómo leer rápidamente a los demás (usando los tipos MBTI), y cómo descubrir cuáles son sus verdaderas intenciones y finalidades. No se ha podido profundizar en detalle en estos temas por cuestión de brevedad, pero sí encontrará consejos e información útil sobre ellos en estos capítulos.

Las personas somos organismos extremadamente complejos, y nuestro funcionamiento social es quizá el aspecto más complicado de nuestra vida. Hay muchos componentes implicados a la hora de aprender a leer eficazmente a los demás. Suele requerirse mucho tiempo y energía para aprender y aplicar todo esto a las interacciones que encontramos en nuestra vida diaria. Pero si se adhiere usted a los principios expuestos en este libro, será seguramente capaz de mejorar sus habilidades comunicativas, así como de construir y mantener mejores relaciones con los demás.

Con suerte, este libro le habrá resultado útil. Siga las técnicas que hemos enumerado y, antes incluso de lo que esperaba, empezará usted a ver resultados.

Segunda Parte: Falacias Lógicas

¿Comete errores al razonar?

Introducción

Este libro le mostrará cómo notar y deconstruir falacias lógicas en un debate.

A medida que avance en sus páginas, intente aplicar su conocimiento de estas falacias a sus debates para fortalecerlos. Como resultado, ganará más debates y se convertirá en un mejor orador en general.

¡Esperamos que lo disfrute!

Capítulo 1: Lógica

Antes de conocer el concepto de falacias, hablemos sobre la lógica. La lógica es un tema complejo para algo que parece ser simple. La lógica, a pesar de su naturaleza ubicua y fundamental, es algo que rara vez nos detenemos a analizar fuera de los contextos de los cursos matemáticos o filosóficos de nivel universitario. Se puede considerar un fracaso del sistema educativo, hasta cierto punto, que la lógica es tan fundamental para vivir una vida minuciosa y bien razonada, pero la lógica en sí misma es una base compleja.

La mayoría de las personas no tienen mucha experiencia con la lógica de una manera sistemática, y siempre se puede saber cuándo la tienen porque son eficaces en su uso. La lógica se reduce a la exploración de la verdad.

Existen algunas definiciones diferentes de la lógica, y para entenderla correctamente, necesitamos entender cada una.

La primera definición de lógica puede entenderse como la búsqueda de la verdad y la codificación de las leyes de la verdad en una forma estándar y de gran alcance. La verdad es un concepto relativamente interesante porque, en última instancia, proviene de la percepción y la comprensión empírica, así como de la racionalización de los fenómenos. La lógica nos brinda las herramientas para codificar y extender verdades para crear otras.

Es aquí donde entra la siguiente definición de lógica: la extensión de la verdad. La lógica puede entenderse como el estudio de los sistemas de inferencia. La inferencia se refiere a la capacidad para deducir una conclusión dada de otra conclusión. La inferencia es de suma importancia para el estudio de la lógica.

La lógica como verdad y una extensión de la verdad la hace aplicable a diferentes ámbitos. Sin embargo, este libro se enfoca explícitamente en las falacias, por lo que vamos a centrarnos en ellas.

¿Qué *es* una falacia lógica?

Una falacia lógica es un concepto en un argumento que hace una inferencia incorrecta o pone una barrera al argumento correcto y coherente. Puede implicar plantear un argumento que *no es un argumento*. Un ejemplo de esto sería en un debate sobre si los perros podrían volar o no. Si la persona que argumentaba que los perros *no podían* volar significaba que la persona que estaba discutiendo que los perros podían volar no tenía un argumento válido porque no había terminado la escuela secundaria, esto sería una falacia lógica. Es una falacia lógica porque es irrelevante para el argumento en cuestión; la persona podría haber terminado la universidad teóricamente y aún argumentar que los perros podían volar. La persona que hace este argumento en contra de la persona que dice que los perros *pueden* volar no está realmente discutiendo si los perros podrían o no volar; su argumento ya no trata sobre el concepto de perros que vuelan, sino sobre la persona en el otro extremo del debate. No es coherente, en un sentido lógico, que el nivel de educación de una persona pueda afectar la validez de su argumento; lo que podría afectar la validez de su argumento es una prueba demostrable de que los perros *no pueden* volar.

Un argumento semánticamente sólido con respecto a la capacidad de los perros para volar giraría en torno a la idea de que los perros vuelan en absoluto; no el nivel de inteligencia de la persona que está argumentando que los perros pueden volar.

La lógica es una herramienta para descubrir la verdad y por qué las cosas están conectadas a través de líneas de inferencia. Estas líneas de inferencia nos permiten hacer determinaciones sobre la verdad y la falsedad, la validez y la invalidez, y mucho más.

La mayoría de los argumentos se componen de dos partes importantes: premisas y conclusiones. Dentro de estas existen otras dos partes fundamentales: declaraciones e implicaciones.

Las declaraciones son pensamientos independientes. Por ejemplo:

"Todos los hombres son mortales".

"Soy un hombre".

Estas son dos afirmaciones. Estas declaraciones forman una base para un argumento, una premisa. A partir de estas premisas, podemos obtener una conclusión importante:

"Por lo tanto, soy mortal".

Las declaraciones a menudo se abstraen con respecto a P y Q, donde se utilizan como declaraciones de marcador de posición en operaciones lógicas. Esto tendrá más sentido al verlo en acción en el siguiente capítulo.

También existen declaraciones complejas. Las declaraciones complejas pueden tomar la forma de conjunciones o disyunciones.

Las conjunciones se componen de dos declaraciones; si ambas afirmaciones son verdaderas, entonces toda la afirmación es verdadera. Si alguna de las declaraciones es falsa, entonces toda la declaración es falsa:

"Soy un hombre, y tú eres un hombre".

Si cualquiera de nosotros es un hombre, entonces la afirmación es cierta.

Las disyunciones también se componen de dos declaraciones; si cualquiera de las dos afirmaciones es verdadera, entonces toda la afirmación es verdadera. Si ambas afirmaciones son falsas, toda la afirmación es falsa. Si ambas afirmaciones son verdaderas, entonces toda la afirmación es verdadera.

"Soy un hombre, o tú eres un hombre".

Si cualquiera de nosotros es un hombre, entonces la afirmación es cierta. Si ninguno de nosotros es un hombre, entonces toda la declaración es falsa. Si los dos somos hombres, entonces eso significa, por extensión, que ambos somos hombres individualmente, por lo que es verdadero.

Este libro se enfoca en enseñar falacias lógicas desde el principio para que pueda desarrollar una comprensión sólida de los temas que se abordan.

Comprender qué son las falacias lógicas y cómo eliminarlas es de suma importancia en lo que respecta a los argumentos completos y sólidos que hacen que las personas se pongan de su parte.

Los siguientes capítulos le mostrarán todo lo que necesita para notar y deconstruir las falacias lógicas cuando se usan en su contra, e incluso podrían estar presentes en sus pensamientos.

Capítulo 2: Falacias Formales

El presente capítulo habla sobre las falacias formales. Las falacias formales se relacionan con la forma del argumento en lugar del contenido. A menudo, son más fáciles de identificar que las falacias informales, ya que tratan con la estructura del argumento, que es algo que se puede identificar con solo escuchar el argumento en lugar de conocer cada detalle sobre el tema que se está discutiendo.

El hecho de que el problema se encuentre en la forma del argumento en realidad nos dice mucho sobre cómo el argumento puede estar equivocado. Estos tipos específicos de argumentos a menudo se denominan no-secuitors. Son esencialmente argumentos que no tienen sentido lógico. Es decir, el método de inferencia utilizado a lo largo del argumento no es suficiente para hacer un argumento lógicamente sólido y el razonamiento utilizado es profundamente erróneo.

Afirmando el Consecuente

Es otro error proposicional, y se basa en la idea de asumir que dado que una conclusión de una declaración condicional es verdadera, la condición debe ser necesariamente cierta. Sin embargo, esto no es correcto en sí mismo.

Echemos un vistazo. Esencialmente, la estructura de este argumento sería como: P implica que Q. Q es verdadero; por lo tanto, P debe ser verdadero. Recuerde, que las declaraciones de implicación casi siempre toman la forma de declaraciones condicionales, es decir, declaraciones que comienzan con si y tienen algo más, implícito o explícito.

Veamos el siguiente ejemplo:

Si sufro un accidente automovilístico, tendré que llevar el auto al mecánico.

Necesito llevar mi auto al mecánico.

Por lo tanto, estuve en un accidente automovilístico.

Puede observar cómo este argumento no es válido si se desglosa lógicamente. Sin embargo, solo porque tenga que llevar su automóvil a un mecánico no significa que haya tenido un accidente automovilístico. Existen varias razones diferentes por las que puede necesitar llevar su automóvil a un mecánico. Es posible que requiera un cambio de aceite, un mantenimiento general o cualquier otra cosa que no implique necesariamente que se produjera en un accidente automovilístico.

Este tipo de ejemplo muestra cuán ilógica es esta forma de argumento. Desafortunadamente, tiende a no presentarse tan descaradamente; esta es una de las formas más comunes en que las personas realizan gimnasia mental. Tiende a ser fácilmente involucrado en otras formas de desinformación y presentado como un argumento sólido, a pesar de no serlo. También es posible que reconozca que esta falacia en particular está un poco alineada con la idea de que la correlación no es necesariamente igual a la causación.

Afirmando un Disyuntivo

En este punto, comenzaremos a observar las cosas que presentan una falacia proposicional. Estas son falacias lógicas que giran en torno a una declaración dada que tiene dos partes distintas: dos eventos o declaraciones diferentes en torno a las cuales se forma la declaración. El primero de ellos es la noción de *afirmar un disyuntivo*.

Afirmar un disyuntivo es un concepto relativamente simple. Una disyunción, como se mencionó en el primer capítulo, es una declaración lógica que involucra dos eventos lógicos diferentes. Es un problema si involucra la declaración o si necesita que solo una de las declaraciones deba ser verdadera.

Digamos que tenemos dos eventos en una declaración compuesta como:

Una jirafa está en el zoológico, o una jirafa está en la naturaleza.

Una jirafa está en el zoológico.

Por lo tanto, no hay una jirafa en la naturaleza.

Cuando se lee de esta manera, se puede observar claramente cómo no funciona de manera lógica: dadas las dos afirmaciones P y Q, el disyuntivo asume que solo una de ellas debe ser cierta; sin embargo, la afirmación del disyuntivo supone que, dado que P es verdad, Q necesariamente no debe ser verdad. Y este no es el caso en absoluto. Existe una jirafa en la naturaleza y una jirafa en un zoológico. Existen una gran cantidad de jirafas; y no se encuentran ubicadas únicamente en un área determinada.

La inferencia específica no es correcta porque se basa en el hecho de que, en una disyunción, tanto P como Q pueden ser verdaderas; la verdad de uno no invalida al otro de ninguna manera o forma.

Esto es particularmente común, pero puede ser un poco más complicado de identificar en el "salvaje". Mantenga los ojos bien abiertos e intente descifrar la estructura del argumento para detectar este tipo de cosas cuando suceden.

Tenga en cuenta que, en el caso de un exclusivo, este argumento no es correcto, evidentemente. Sin embargo, un caso, como el de arriba, no es exclusivo. El contexto generalmente crea "o" exclusivos, y se presentan como un ultimátum. Tenga precaución con su existencia.

Apelación a la Probabilidad

El primer concepto importante de falacia lógica que vamos a conocer es la apelación a la probabilidad. Este es un concepto relativamente simple, pero es un error que muchas personas cometen. Es especialmente común en individuos con ansiedad y depresión en su circuito de retroalimentación interna.

La apelación a la probabilidad es una afirmación que asume que algo sucederá sin dudarlo basándose en simplemente la única posibilidad de que *pueda* suceder. Esta es una de las falacias más básicas para entender.

Un buen ejemplo de la apelación a la probabilidad sería decir: "Si no bloqueo mi automóvil, entonces alguien entrará en él". El simple hecho es que no bloquear su automóvil, el evento A, no significa necesariamente que alguien irrumpirá en él: el evento B. El evento A no necesariamente indica que el evento B debe ocurrir.

Le sorprendería (o quizás no) la frecuencia con la que se produce esta falacia. Si bien no ocurre de manera frecuente en los argumentos per se, ser capaz de identificarlo y darse cuenta de cuándo sucede, puede mantenerlo en su sano juicio o ayudarle a mantener a otros cuerdos. Recuerde, solo porque una situación permita que ocurra algo más no significa que sucederá.

Apelación a la Falacia

Es necesario conocer esta falacia formal en particular porque es importante. Algo para recordar a medida que aprende más sobre las falacias lógicas y todos estos errores argumentativos comunes, es que las personas a menudo los hacen en sus argumentos, dejando grandes vacíos en su lógica.

El hecho de que alguien use una falacia lógica no invalida su conclusión. El hecho de que la forma o sustancia de su argumento sea falaz no significa necesariamente que la conclusión del argumento sea incorrecta. De hecho, podría ser totalmente correcto y el enfoque específico adoptado por la persona puede estar equivocado. La falacia no indica que la conclusión de una persona sea incorrecta, y una forma incorrecta no significa que el argumento sea incorrecto. Realizar esta suposición es inherentemente sin fundamento y propenso a ser falaz por derecho propio.

Un ejemplo de lo anterior es lo siguiente:

Si usted trató de argumentar: "Los cerdos son más grandes que las vacas", y alguien contrarrestó: "Eso no es cierto porque eres un tonto", no puede simplemente demostrar que está equivocado al decir que su argumento es erróneo. Si dijera que estaba equivocado porque su argumento contiene una falacia lógica, entonces esa es una falacia en sí misma: la falacia. No puede simplemente decir que alguien ha cometido una falacia y la tiene como un benefactor para su lado particular. En el ejemplo anterior, su conclusión fue adecuada: usted está equivocado. Los cerdos no son más grandes que las vacas. A pesar de que la forma de su argumento y su premisa era incorrecta, no se puede decir lógicamente que su conclusión sea incorrecta, solo que su forma de argumento es incorrecta.

Falacia de la Conjunción

La falacia de la conjunción es muy interesante, pero es un poco compleja, por lo que debe esforzarse por entenderla. La falacia de la conjunción se basa en probabilidades y eventos, como lo son muchas cosas en la lógica.

Digamos que existe una persona imaginaria llamada Taylor. Taylor es increíblemente inteligente, tiene veintiséis años y acaba de graduarse de un programa de doctorado en filosofía. Desde que era niña, Taylor ha estado obsesionada con el arte. Ella aprovecha cada oportunidad y ha visitado diversos museos de arte famosos.

Teniendo todo esto en cuenta, observe las siguientes dos probabilidades y determine cuál es la más probable:

1) Taylor conduce un Nissan.

2) Taylor conduce un Nissan y posee un caballete.

Podría asumir rápidamente que el segundo es más probable porque es más específico, y porque se utiliza un caballete para pintar.

Si Taylor está obsesionada con el arte, es muy probable que posea un caballete. ¿Cierto?

Bueno, en realidad, esto es incorrecto. Aquí el por qué:

Dividamos la afirmación de que Taylor maneja un Nissan y posee un caballete en dos eventos distintos: evento A y evento B. Analicemos la probabilidad del evento A y el evento B como una función de cualquiera de P. Por ejemplo, la probabilidad del evento A Se expresaría como tal:

P(A)

Una conjunción lógica - e - indica que ambos eventos deben ser verdaderos para que la declaración en sí sea verdadera. Por lo tanto, para que toda la declaración sea verdadera, tanto el evento A como el evento B deben ser verdaderos.

Aunque es probable que el evento B sea cierto, ya que ambas declaraciones involucran el evento A, debemos pensar en la comparación en términos del evento A. Observe las declaraciones así:

¿Cuál es correcta?

1) P (A)

2) P (A) ^ P (B)

La declaración dos requiere que Taylor no solo posea un Nissan, sino que también pinte. Aunque es increíblemente probable que ella pinte, no estamos considerando la probabilidad de que pinte, sino que buscamos la probabilidad de que ella sea la dueña de un Nissan. Por lo tanto, estamos considerando poblaciones comparativas.

Del total de personas que conducen automóviles, supongamos que la cantidad de personas que conducen un Nissan puede expresarse como un porcentaje x. Sin embargo, esto incluye todo tipo de conductores de Nissan, y primero estamos prediciendo que Taylor es un miembro de esta comunidad haciendo que este evento aparezca en ambas afirmaciones e intentando determinar cuál es más probable.

Entonces, digamos que la cantidad de personas que conducen un Nissan se puede pensar en términos de las diferentes personas que lo componen; esto se puede entender tanto como personas que poseen y las que no poseen un caballete. Cuando lo vemos desde esta perspectiva, queda claro por qué existe una distinción; el porcentaje de personas que poseen tanto un Nissan como un caballete es naturalmente más reducido que el porcentaje de personas que poseen un Nissan, o, en el mejor de los casos, solo puede ser equivalente al 100%; lo que significa que bajo ninguna circunstancia la segunda declaración será más probable que la primera, independientemente de quién sea Taylor como persona o cuáles sean sus intereses.

Esto es, en pocas palabras, la idea de la falacia de la conjunción. Es la presunción de que debido a que se puede considerar que alguien o algo posee ciertas propiedades, que cualquiera de esas propiedades utilizadas en una declaración conjuntiva necesariamente hará que la declaración sea más probable que el evento conjuntivo sin el evento relacionado con la propiedad.

Negando el Antecedente

Este error también es común. Es la última falacia proposicional principal que vamos a conocer y, en muchos sentidos, sigue la misma línea que las otras. Emplea una declaración P y Q o un evento contenido dentro de una declaración compuesta.

Negar el antecedente significa que usted asume que, si P implica Q, entonces lo opuesto a P debe implicar necesariamente lo opuesto a Q. Sin embargo, este no es el caso.

Digamos que alguien asume: "Si tiene cabello castaño, entonces tiene cabeza". Esto parece obvio, ¿no? Por supuesto, si tiene cabello castaño, entonces debe tener una cabeza sobre la cual pueda crecer ese cabello castaño. No puede tener cabello castaño sin cabeza, por lo que tener cabello castaño indica que tiene cabeza.

Negar el antecedente sería asumir que si alguien no tuviera cabello castaño (opuesto a P), entonces esa persona no tendría cabeza (opuesto a Q). Alguien puede tener cabeza y cabello rojo, rubio, negro o no tener cabello, además de cualquier combinación de colores de tinte diferentes. El cabello castaño no necesariamente excluye tener una cabeza en general; solo si alguien tiene cabello castaño, debe tener cabeza.

Por lo tanto, aunque P implique mucho Q, lo contrario de P no implica lo contrario de Q. Esta es una de las reglas más importantes de implicaciones lógicas; tiene que entender que solo porque implica algo más, no es necesariamente el caso de que tenga que implicarse mutuamente en su negación.

Hemos analizado las principales falacias formales. Ahora exploremos el concepto de falacias *informales.*

Capítulo 3: Falacias Informales

Si bien las falacias formales son un poco más fáciles de identificar, ya que solo requieren la observación de la forma del argumento, las falacias informales se basan en el contenido del argumento. Pueden ser un poco más difíciles de identificar, aunque también pueden estar más encubiertas. Debido a esto, es importante prestar atención a ello y notar cuando aparecen:

Argumento de Ignorancia

El argumento de la ignorancia se basa en la idea de probar algo por virtud del hecho de que no existe suficiente evidencia contraria. Esto va de la mano con algunos de los contenidos discutidos anteriormente, como el argumento de lo divino. Al igual que ese argumento, sin embargo, este argumento es increíblemente falaz.

Existen una serie de cosas que simplemente no podemos intentar en este momento por una razón u otra, ya sea por falta de avances científicos necesarios para probar tales cosas o porque los conceptos son metafísicos en general. Sin embargo, tenga en cuenta que la falta de capacidad para intentar algo no prueba necesariamente que sea todo lo contrario.

Digamos, por ejemplo, que su mejor amigo le llama para decir que pensó que el núcleo de la Tierra estaba lleno de bolas inflables. Bueno, técnicamente, no puede probar que esté equivocado, porque nunca hemos estado en el centro de la Tierra. Hace demasiado calor, y la roca es demasiado densa; simplemente no tenemos la tecnología necesaria para hacer tal cosa.

Sin embargo, solo porque no tengamos la tecnología para probar que el núcleo de la Tierra no está lleno de bolas inflables, no significa necesariamente que el núcleo de la Tierra esté lleno de bolas inflables. El hecho de que no podamos probar que no es cierto no significa que sea cierto de forma predeterminada. Simplemente significa que no se ha probado de ninguna manera, pero uno no puede usar eso solo como la base para afirmar algo como tal.

Sin embargo, existen cosas que pueden contrarrestar un argumento tan increíblemente extraño, como la radiación térmica del núcleo de la Tierra que indica que debería haber algún tipo de sustancias sobrecalentadas en el núcleo, y nuestro conocimiento de la gravedad y la física indican que esté sobrecalentado, la sustancia es muy probablemente una cosa dada.

Sin embargo, esto no es tan sencillo cuando los argumentos son más complejos que algo tan extraño como el núcleo de una Tierra lleno de bolas inflables. Por esta razón, tendrá que analizar cuidadosamente los argumentos para determinar cuándo surge este tipo de falacia.

Argumento de Moderación

Esta es una de las falacias informales más comunes. Parece imbuido en nuestra sociedad siempre buscar un compromiso entre dos posiciones opuestas, pero este no es siempre el mejor camino a seguir. Después de todo, a veces las cosas son completamente incorrectas. El argumento a la moderación es la idea esencial de que solo porque existen dos ideas, una no siempre necesita ver el compromiso como la mejor opción entre las dos.

A continuación un ejemplo sencillo:

Dos personas discuten. Una persona dice que el cielo es azul. La otra dice que el cielo es amarillo. Claramente, el cielo no es amarillo. Una persona obviamente tiene razón, y una persona está equivocada.

Sin embargo, si tuvieran que comprometerse con sus posiciones, la persona que tenía razón tendría que reconocer que el cielo es verde, ya que el punto medio entre el azul y el amarillo es el verde. Este no es el caso, evidentemente. Este compromiso en última instancia llevaría a que ambas partes fueran incorrectas en lugar del azul y se convencieran que es amarillo para después afirmar que el cielo es realmente azul después de todo.

Un ejemplo histórico se puede encontrar en la propaganda. Aunque la política no tiene un lugar formal en este libro, ya que la Unión Soviética se ha derrumbado, una referencia a de ello no es política en sí misma. Muchos filósofos postsoviéticos han notado que había una gran cantidad de propaganda en la Unión Soviética, especialmente en la era de Stalin, que específicamente tergiversó las cosas. Esto, por supuesto, no podría haber sido cierto. La apelación a la moderación implicaría que, para encontrar la verdad, uno necesariamente debe buscar en algún lugar entre la propaganda soviética y la verdad, ya que el punto medio entre los dos sería indiscutiblemente falso. El punto medio entre una verdad y una mentira sigue siendo una mentira.

Argumentum Ad Nauseam

El término *argumentum ad nauseam* se refiere a un argumento que se presenta sin cesar, de modo que el tema finalmente comienza a dejar de ser discutido. Se puede ganar un argumento a través de la prueba por aserción, presionando continuamente un hecho hacia adelante hasta que toda oposición a ese hecho, incluso si es evidentemente falsa, haya dejado de argumentar en contra del punto en cuestión.

Algunas personas han ganado discusiones sobre el concepto de que la Tierra es plana en un contexto moderno al continuar presionando los mismos puntos de conversación mientras se niegan a aceptar evidencia de lo contrario. Las personas que no creen en una Tierra plana y aceptan el consenso científico de que la Tierra es redonda tienden a abandonar el argumento después de un tiempo, cansándose de discutir con alguien que rechaza el consenso científico.

Apelar a la Incredulidad

Otro concepto relacionado con la apelación a la divinidad es la apelación a la incredulidad. Esto se construye sobre bases similares a la apelación a la divinidad. Sin embargo, la apelación a la incredulidad no hace grandes afirmaciones metafísicas y se basa más bien en la idea de que algo debe ser verdad porque alguien no puede creer que no puede ser verdad, o viceversa, que algo debe ser falso porque alguien no puede creer que podría ser verdad.

Lo anterior no necesita mayor explicación. Tiende a aparecer en personas que sufren trastornos de ansiedad y depresión. El hecho de que algo pueda ser verdad no significa que tenga que serlo, y de la misma manera, el hecho de que no pueda creer que algo no es verdad no significa que sea verdad.

También aparece frecuentemente en la etapa de negación del dolor. Un buen ejemplo de esto es alguien que dice: "No puedo creer que tenga cáncer. Por lo tanto, no es verdad". La incapacidad de alguien para creer que algo podría ser verdad hace que sea imposible para ellos aceptar que lo es.

Sin embargo, esto muestra a la falacia en un ámbito interesante que no se observa del todo; tenga la seguridad de que es bastante frustrante argumentar contra esta falacia porque es infalsificable. Alguien que piensa así ha bloqueado específicamente el proceso de pensamiento lógico necesario para que se dé cuenta por qué algo no puede ser cierto, y no hay forma de refutar lo que alguien cree o no cree si no desea dejar de hacerlo. Esto hace que sea una posición un tanto difícil para el orador porque no poseen un punto estable para pasar de su discusión.

Falacia Divina

Nuevamente, los temas actuales, como la política o la religión, no tienen un lugar formal en este libro, así que tenga en cuenta que la falacia divina es solo el nombre de esta falacia en particular. No se aplica exclusivamente a la religión, pero se aplica a cualquier tipo de razón metafísica o sobrenatural, como fantasmas o extraterrestres.

Hablemos de Stonehenge. Nadie sabe realmente cómo llegó allí. Las piedras son de gran tamaño, y no está claro cómo una civilización antigua hubiera tenido las herramientas o los medios para colocarlas. Tampoco está claro cuál fue el propósito de Stonehenge para esta sociedad, aunque existen algunos supuestos, como un enorme reloj de sol o algún tipo de estructura religiosa.

Una falacia divina sería argumentar: "No es imaginable que los humanos primitivos hayan podido instalar Stonehenge y colocar las rocas en su posición final, por lo que voy a suponer que los extraterrestres lo crearon". De hecho, muchos teóricos de la conspiración suponen que los extraterrestres establecieron Stonehenge y tuvieron un papel significante en la creación de Stonehenge.

Sin embargo, esto es una falacia por una razón clara, solo porque el evento P parece poco probable que no sirva como prueba para el evento Q. Todavía no existe nada que pruebe que los extraterrestres crearon Stonehenge, independientemente de lo poco probable que parezca que los humanos lo hicieron.

Stonehenge es solo un ejemplo; existen una serie de situaciones distintas que históricamente han caído en conocimiento de la falacia divina. Esto ha conducido a fenómenos conocidos como *Dios de las brechas*, que esencialmente se refieren al hecho de que cuando existe un vacío en la comprensión humana que aún no se ha explicado, estas brechas normalmente se llenan con algún tipo de explicación teológica o sobrenatural. Si llega un momento en el que realmente llenamos el vacío con respecto a la comprensión humana, comenzamos a reemplazar lentamente la comprensión teológica con la comprensión empírica.

Falacia Etimológica

Esta falacia es interesante y es muy frecuente. La falacia se basa en la idea de que una palabra de uso común necesariamente necesita compartir la definición de su significado original. Esto representa un poco de una falacia cuestionable en sí misma, pero puede observalo muy a menudo.

Cualquiera que conozca acerca de lingüística o incluso de sociología sabe que las lenguas cambian con el tiempo; las palabras evolucionan y adoptan diferentes formas a medida que pasa el tiempo y, a menudo, pueden llegar a significar algo muy diferente de lo que originalmente significaron. Sucede especialmente cuando las palabras se extienden a nuevas poblaciones o a través de generaciones. Esto se usa comúnmente en los debates sobre el purismo lingüístico, así como en los debates políticos como un medio para atacar ideas opuestas debido a sus connotaciones históricas o actuales.

Un gran ejemplo de palabras que cambian con el tiempo es la palabra *horrible*. Érase una vez, la palabra *horrible* significaba algo como "merecedor de admiración"; en otras palabras, era prácticamente lo contrario de lo que significa ahora, que es algo que no merece respeto.

Una falacia etimológica podría afirmar que el uso moderno de la palabra *horrible* en su significado original o histórico de "merecer admiración" es aceptable, a pesar de que vernáculamente y en la nomenclatura popular su significado es ahora directamente opuesto.

Falacia de la Composición

La falacia de la composición es interesante y común a la vez. Tiene un opuesto llamado la *falacia de la división* (que veremos en breve). Pero primero, hablemos de la falacia de la composición.

La falacia de la composición es sencilla de entender. Esencialmente, esta falacia es la suposición de que, si algo es cierto para una parte específica de un todo dado, lo mismo seguirá siendo cierto para el todo. Esto, sin embargo, es evidentemente falso.

Digamos que existe una población de 100 personas, y una persona es seleccionada. Su nombre es John, y él es alto. Si tuviéramos que decir que debido a que John es alto, todos los miembros de la población de los que elegimos a John también son altos, esto sería una falacia de la composición, porque, dado el hecho de que John es alto, se supone que todos los demás son también altos.

Falacia de la división

La falacia de la división es lo opuesto a la falacia de la composición. Se basa en la negación de la falacia de la composición, de modo que, si uno identifica un rasgo único como común para el conjunto, debe ser necesariamente cierto para el individuo. Esto es evidentemente falso porque, si bien la mayoría de las partes de un conjunto pueden mostrar ciertas propiedades y, por lo tanto, dar a la totalidad de esta propiedad en un sentido nominal y promedio, esta propiedad no necesariamente tiene que aplicarse a ningún miembro del conjunto elegido arbitrariamente.

Tomemos la siguiente declaración:

Los programadores de computadoras tienen buenos ingresos.

Por sí solo, esto es generalmente una afirmación verdadera y, en un sentido relativo, sigue siendo cierto cuando se compara con otras profesiones. Sin embargo, si tuviéramos que afirmar lo siguiente:

Bradley es un programador de computadoras.

Por lo tanto, Bradley tiene buenos ingresos.

Eso sería una falacia. Por ejemplo, Bradley podría ser un programador de computadoras para una organización sin fines de lucro o una organización de voluntarios; él podría ser un programador que heredó una gran cantidad de riqueza y por lo tanto dedica su experiencia a empresas que no obtienen necesariamente ganancias. En cualquiera de los casos anteriores, no necesariamente ganaría "buen dinero", por lo que no podemos asumir que solo porque Bradley es un programador de computadoras, Bradley gane buen dinero. La lógica no se sigue del todo, y es importante darse cuenta de ello. Notará que esto es relativamente similar a la falacia ecológica, pero la falacia ecológica es más una falacia estadística, mientras que esta es una falacia lógica general.

Atribución falsa

La falsa atribución es similar a una falacia general. Sin embargo, se refiere a la idea de respaldar su argumento con algún tipo de fuente que no corrobore realmente lo que está argumentando. Las personas que hacen videos en YouTube hablando de política son bastante malas al respecto. Muchas veces, mostrarán una fuente en el video y citarán o tergiversarán el video para intentar hacer que parezca que la fuente está diciendo algo que no es. Sin embargo, una revisión de las fuentes citadas junto con una mente escéptica es generalmente lo suficientemente buena como para superar este tipo de cosas.

Un mito común que ha estado dando vueltas, por ejemplo, es que la soya aumenta el nivel de estrógeno en los hombres y reduce sus niveles de testosterona. Sin embargo, existe poca evidencia científica para corroborarlo, y uno de los únicos estudios que lo corroboran son las cantidades masivas de alimentos que se le da a una fuente no humana (ovejas). Muchas de las pruebas y estudios realizados con seres humanos en realidad muestran lo contrario: que los fitoestrógenos presentes en la soya tienen muy poco impacto en el nivel de testosterona de alguien o que en realidad podrían aumentarla debido a la mayor captación de estrógenos en el cerebro por los fitoestrógenos no biodisponibles que causan los receptores que absorben una menor cantidad del estrógeno que naturalmente producimos.

Sin embargo, muchas personas intentan pasar por alto el mito de la soya por una razón u otra y tergiversarán los estudios sobre el tema y los titulares relacionados con él.

Siempre sea escéptico acerca de las fuentes y verifíquelas cuando estén disponibles, ya que a veces encontrará personas que intentan cambiar las fuentes para sus propios intereses.

Falso Dilema

Un falso dilema es una falacia que se basa en la presentación de un ultimátum donde no necesariamente tiene que haber uno. A menudo, el falso dilema se presenta como una situación en la que se presenta otra, y se desacredita una solución al proponer algún tipo de consecuencia a la solución.

Digamos que una pareja les comenta a sus padres que no desean tener hijos. Después el padre responde a su hijo: "¿Entonces odias a los niños?"

La afirmación de que alguien odia a los niños porque no quieran tenerlos es un falso dilema porque alguien podría llevarse perfectamente bien con los niños y simplemente no querer tenerlos. El falso dilema presenta una situación que no existe en realidad, pero está destinada a apelar ante todo a la ética.

Falacia del historiador

La falacia del historiador es una falacia común en la que alguien asume que las personas en el pasado tenían la misma perspectiva que nosotros actualmente. Esto no solo queda relegado a la historia. De hecho, se usa más comúnmente como una forma de culpar a las personas por algo sobre lo que no podrían haber tenido control o involucra algo que no podrían haber tenido en cuenta en ese momento.

Supongamos que usted compró 600 acciones de cierta compañía. Unas semanas más tarde, esa compañía se involucra en un desastre de Enron, y las consecuencias son enormes. Usted pierde todo el dinero que invirtió. Después, sus amigos, que solían acudir a usted para pedirle asesoramiento financiero, se niegan a volver a acudir a usted porque realizó una mala inversión, aunque no había forma de saber que la corporación era corrupta y que tal cosa sucedería.

Sus amigos estarían cometiendo una falacia de historiador porque le culparían por no tener información que no tenía en ese momento, mientras que con la información que tenía en ese momento, podría haber sido la mejor decisión disponible para usted.

Si-Por-Whisky

Esta es una falacia que permite que alguien no responda a algo potencialmente provocativo. Es una falacia por propósito y pretende ser una falacia, pero es una poderosa herramienta retórica.

Un ejemplo involucra el origen. El nombre de esta falacia proviene de un discurso dado por un legislador de Mississippi que fue presionado para responder si Mississippi debería prohibir el alcohol o legalizarlo, a lo cual respondió (parafraseando):

"Si por whisky, se refiere a la cerveza del diablo, estoy en contra. Si por whisky se refiere al alma de la conversación, estoy a favor. Esta es mi posición; no me comprometeré".

Puede ver cómo logró evitar dar una posición real apelando a la opinión de la persona que escucha el discurso en primer lugar. Esta es una poderosa herramienta argumentativa, pero desafortunadamente, no es lógicamente acertada porque, en primer lugar, no presenta un argumento.

Falacia Moralista

La falacia moralista es un concepto relativamente simple pero difícil de comprender. Sin embargo, el argumento base de la falacia moralista es que, dada una norma moral, podemos derivar alguna conclusión natural. Básicamente, la idea detrás de alguien que es culpable de la falacia moralista es que la moralidad define el mundo natural o quizás que el mundo natural define la moralidad; de cualquier manera, existe un vínculo inextricable entre la moralidad y la forma en que las cosas son en un sentido natural. Esto es claramente falaz de una manera u otra, ya que la moral depende en gran medida de la sociedad; por ejemplo, mientras que la poligamia es común en algunas áreas del mundo, en otras, es moralmente impensable. Esto no lo hace incorrecto o correcto; simplemente prueba que ciertas cosas dentro del barómetro moral son construidas por la sociedad en lugar de existir naturalmente o por sí mismas.

El siguiente es un ejemplo de una falacia moralista:

Engañar a nuestra pareja es moralmente malo.

Por lo tanto, no está en nuestra naturaleza tener muchos compañeros sexuales diferentes.

Engañar a nuestra pareja es moralmente incorrecto, al menos en el contexto de la sociedad en que vive cada persona. Sin embargo, no se puede suponer que una máxima moral dicta nuestra naturaleza como seres humanos o cualquier otra cosa natural sobre el mundo. La moralidad no define la naturaleza y con frecuencia se desarrolla con el tiempo.

Moviendo las porterías

Mover las porterías es una falacia lógica común. Lo que sucede cuando alguien mueve las porterías es que primero proporcionarán algún tipo de argumento y exigirán evidencia o algún argumento suficiente para oponerse a su punto. Sin embargo, tan pronto como se haya alcanzado este punto, se cambiará el argumento y se desechará la evidencia que se proporcionó porque no cumple con los estándares recién definidos, que a menudo son más rigurosos.

Un ejemplo es si alguien argumenta: "Todas las camisetas que se vendieron el año pasado eran rojas", y usted respondió: "No, no lo eran", luego encontró un estudio o datos que mostraban que las camisas que no eran del color rojo se vendieron y luego se presentaron. La persona que hizo el argumento inicial estaría moviendo los postes si respondiera: "Me refería a las camisas que se venden exclusivamente en la tienda x". Estarían moviendo los postes porque su argumento original no lo especificaba.

Esta es una posición común evocada desde el inicio en un argumento, y se debe prestar atención. Sin embargo, es una de las falacias lógicas más comunes. Es difícil regresar cuando alguien sigue moviendo los postes, independientemente de la cantidad de evidencia que encuentre. Su mejor curso de acción es invocarlos para que muevan los postes y presenten la razón por la que es injusto y más evidencia para refutar su punto. Si continúan moviendo los postes, entonces no tiene razón para permanecer en la discusión y debe dejarlo pasar.

Falacia Nirvana

Esta falacia es demasiado común porque las personas tienden a encontrar un dispositivo retórico fácil de usar para desacreditar las cosas que no les gustan. Sin embargo, existe una simple refutación a ello.

La falacia de Nirvana ocurre cuando alguien argumenta que algo no es una buena solución porque no es la solución perfecta o ideal. Esto podría impedir la mejora de una situación dada si la persona que usa la falacia de Nirvana engañó a suficientes personas.

La falacia de Nirvana asume falsamente que existe una solución perfecta e ideal que actualmente es tan asequible como la solución propuesta, incluso aunque la solución perfecta e ideal no exista realmente. En esta capacidad, la falacia de Nirvana se remonta hasta cierto punto a la cita de Voltaire: "Lo perfecto es el enemigo de lo bueno", que dice que la idolatría de la solución perfecta a menudo puede impedir la habilidad para hacer un cambio real y racional rápida y eficientemente.

Un ejemplo es el uso de puntos de control aleatorios en las carreteras para frenar a los conductores ebrios. Un argumento en contra de esto podría ser que dicha solución no detendrá a los conductores ebrios y la gente continuará conduciendo ebria de cualquier manera. Sin embargo, la cuestión es que la prevención general del manejo en estado de ebriedad no es necesariamente el objetivo de la solución; el objetivo es la reducción, y que los puntos de control aleatorios cerca de las áreas con un alto consumo de alcohol durante los períodos de mucho tráfico reducirán la cantidad de conductores ebrios de una forma u otra. Esto lo convierte en una buena solución en lugar de una solución perfecta que reduce la conducción bajo la influencia del alcohol.

Prueba por Aserción

Esta falacia va de la mano con lo que aprenderemos a continuación: el argumentum ad nauseam. La prueba por aseveración es una falacia lógica y un concepto retórico a menudo empleado por políticos o personas con algún tipo de agenda política. El núcleo de la prueba por aseveración es que alguien continuamente insistirá en un cierto punto en lugar de la evidencia consistente en el contrario que se proporciona.

La falacia en sí misma no conduce a la aceptación de algo como un hecho, sino que conduce a la aceptación de la declaración a través de uno o dos canales más, principalmente argumentum ad nauseam o argumentos de la autoridad.

Falacia del Psicólogo

La falacia del psicólogo es simple conceptualmente hablando. Esta falacia ocurre cuando cierta persona está proyectando su propia experiencia con la experiencia universal.

Por ejemplo, una persona está en un matrimonio infeliz. Puede asumir que debido a que es infeliz en su matrimonio, todas las personas son infelices, incluso si este no es el caso. Esto es toda una falacia, por supuesto. Sin embargo, la falacia del psicólogo se ocupa de cualquier situación en la que alguien presume que su experiencia es la experiencia universal.

Citar Fuera de Contexto

Esto se explica por sí mismo. Por ejemplo, usted sería culpable de citar a alguien fuera de contexto si tomara una declaración particular que hizo y luego trató de tomar ese pequeño fragmento de su cita general para que se ajuste a su interés y cambie el significado que originalmente tenía.

Esta es una táctica retórica común, y probablemente lo notará en los medios de comunicación. Si alguna vez ve a alguien citar, intente encontrar la fuente original y busque el contexto de la cita. Esto se puede usar para cualquier tema, desde la religión a la política, a temas inocuos y a los tabloides. Siempre asegúrese de que está viendo lo que realmente se está diciendo.

Determinismo Retrospectivo

Esta falacia específica también se explica por sí misma. Vamos a desglosar sus partes clave:

Retrospectiva significa en referencia al pasado, por lo que sabemos que esta falacia tendrá en cuenta los factores del pasado.

El *determinismo* es la idea de que algo sucede de manera procesal de acuerdo con otra cosa; que un determinado evento puede determinar un determinado resultado y eventos específicos que siguen patrones específicos.

Por lo tanto, el determinismo retrospectivo se basa en la idea de que al investigar algo que sucedió, dada alguna circunstancia, esa circunstancia siempre se desarrollaría de la misma manera. Sin embargo, esto es ilógico. Por ejemplo, como Julio César se declaró emperador de Roma, inevitablemente sería asesinado. Esto supone que, como era un emperador, estaba obligado a ser asesinado. Sin embargo, algunos emperadores no fueron asesinados, por lo que esto es demostrablemente falso.

No se sigue lógicamente que solo porque él se declaró a sí mismo como emperador, iba a ser asesinado. Dada una serie diferente de eventos, él, como muchos otros emperadores y figuras autocráticas, podría haber vivido una vida plena y feliz y no haber sido asesinado.

El determinismo retrospectivo es una falacia porque conecta dos eventos en el pasado y los vincula inextricablemente incluso si hay muchas más variables e incluso si se puede demostrar que esa conexión es falsa a través de otra evidencia demostrable.

Alegato Especial

Los alegatos especiales suponen que se debe aplicar una cierta regla pero que se debe hacer una exención en una circunstancia determinada sin que se haya dado una razón suficiente para la exención. Esta es una falacia lógica porque exige algo y llega a una conclusión sin una razón clara que no sea una inversión emocional.

Supongamos que existe una mujer cuyo hijo estaba en la corte por vandalismo. Ella sube al estrado y argumenta lo siguiente:

"Creo que el vandalismo es malo y que las personas no deben tocar o dañar la propiedad privada de otras personas. Dicho esto, mi hijo acaba de cometer un error. Él no es un niño malo; solo se juntaba con la gente equivocada. No merece ir a la detención de menores".

Desde un punto de vista lógico, esto es bastante ilógico y realmente no tiene sentido. Lo más probable es que el juez no se preocupe por las súplicas especiales de la mujer porque no parece racional. Cualquiera defendería a su hijo en el estrado y diría que era un buen chico, pero eso no lo exime automáticamente y debe evitarse por completo.

Debido a que los alegatos especiales son personales, si alguien lo acusa de ello, trate de dar un paso atrás y pensar en su posición. Algunas veces, puede ser injustificado, pero otras veces puede ser correcto. Es fácil ver cuando otras personas lo hacen, pero una vez que estamos personalmente en la situación y nuestras emociones se mezclan, puede ser difícil no invocar esta falacia.

Argumentos Autosuficientes

Petición de Principio

En este punto, comenzamos a alejarnos de los argumentos de la forma que ya hemos tratado y observamos algunas formas más particulares. Estos tienen que ver con la premisa del argumento y se invocan cuando se inicia el argumento; sin embargo, el argumento es una premisa defectuosa en general.

La petición de principio se refiere al uso de una premisa para mantenerse a sí mismo. Esto puede sonar un poco prolijo y difícil de entender, pero pronto tendrá sentido.

Supongamos que alguien argumenta: "Los fantasmas son reales". Presumiblemente, cuando alguien hace tal afirmación, se le presionará para que proporcione algún tipo de *prueba* que confirme que los fantasmas son reales. Sin embargo, algunos pueden usar la premisa en sí, o una variación de la misma, para demostrarlo. Si uno de ellos afirma: "Los fantasmas son reales porque he visto fantasmas", la frase "*He visto fantasmas*" es solo pseudo profunda porque en realidad no brinda ningún argumento de soporte. Sus experiencias con *fantasmas* se basan en el supuesto de que los fantasmas existen en primera instancia. Si en cambio hubiera dicho: "He experimentado una actividad paranormal" o "actividad que podría atribuirse a los fantasmas", aún no es un buen argumento. No hay pruebas suficientes para decir sin lugar a dudas que los fantasmas son reales. Más bien, proporciona un punto de entrada al cuestionamiento de que los fantasmas *podrían* ser reales tras la investigación de la actividad y las circunstancias. Y si pudieran ser reproducidos e inexplicables por otros fenómenos, entonces la conclusión sería que los *fantasmas podrían ser reales* hasta que existiera suficiente evidencia empírica para probar su existencia.

La petición de principio va de la mano con las tautologías y el razonamiento circular: todas las afirmaciones se utilizan esencialmente para apoyarse a sí mismas y no proporcionan ningún tipo de matiz a la investigación en cuestión. Esta puede ser una situación difícil, y no le brinda a la persona en la otra sala del extremo para discutir sin afirmar que el argumento de la persona es ilógico en primer lugar y carece del matiz requerido para un argumento serio y valioso.

A menudo, la petición de principio, el razonamiento circular y las tautologías se utilizan, pero de forma codificada u oculta, para apoyar cosas para las cuales en realidad hay poco o ningún apoyo fáctico. Preste atención a este tipo de situaciones porque son más comunes de lo que cree. La fraseología inteligente puede ayudar fácilmente a las personas a justificar puntos que en realidad no se justifican a sí mismos.

Pregunta Capciosa

Esta es otra falacia basada en la premisa. Ocasionalmente, una pregunta se plantea de tal manera que su respuesta sea sí o no. En otras palabras, la pregunta está enmarcada de manera que se supone que una premisa es cierta antes de tiempo y, por lo tanto, se responde en lugar de estar enmarcada de una manera que no obliga a ningún tipo de casilla al que responde.

Digamos que alguien se acercó a usted y le preguntó: "¿Todavía está vendiendo ese camión en Craigslist?" Lo más probable es que su respuesta inmediata sea: "No estoy vendiendo un camión en Craigslist", ¿verdad? ¡Bueno! Respondió a esta pregunta capciosa exactamente de la manera que debería. La pregunta es capciosa porque, en primer lugar, se suponía que estaba vendiendo un camión en Craigslist.

Del mismo modo, la pregunta que pueden hacer en la calle: "¿Le diste el nombre de Ralph a tu hijo?", es una pregunta capciosa porque supone que la persona ha tenido un hijo. Una respuesta de sí o no a esto no sería suficiente. Esto puede ser una manera astuta, especialmente en referendos y boletas, para escabullirse de algún tipo de opinión política detrás de la escena en un tema determinado.

Tome esto en cuenta porque las personas han sido engañadas por este tipo de preguntas en entrevistas públicas. Para los que no lo saben y no están iniciados, esto podría hacerle tropezar cuando menos lo espera y catalogarlo de una manera en que no deseaba que le catalogaran, simplemente porque no respondió la pregunta de la manera más perfecta imaginable.

Argumentos de Generalización

Accidente

Ahora empezamos a entrar en falacias lógicas que son más complejas de lo que parecen inicialmente. Existen falacias lógicas que emergen como resultado de que su método de inferencia está equivocado. El problema de ello es que, aunque puede ser formalmente sólido, el argumento exacto que toman puede carecer de matices o del contexto necesario para considerarlos con una luz positiva.

La falacia del accidente aparece cuando alguien intenta aplicar una regla general a todos los casos, incluso cuando hay excepciones obvias a esa regla dada. El ejemplo más común de la falacia del accidente es un cirujano:

Es de sentido común que cortar a alguien con un cuchillo es ilegal. No puede simplemente acercarse a alguien con un cuchillo y tratar de cortarle de cualquier manera. No sería exagerado decir que las personas que cortan a otras personas con cuchillos están violando la ley.

Sin embargo, una invocación de la falacia del accidente es extender esto y luego decir que debido a que las personas que cortan a otras personas con cuchillos infringen la ley y que los cirujanos cortan a las personas con cuchillos, entonces los cirujanos infringen la ley. Existe una clara excepción para los cirujanos, que están cortando a las personas legalmente y con buena intención, en la regla general de "no cortar a las personas con cuchillos". No reconocer esto significa invocar la falacia del accidente.

Si alguien lo acusa de invocar la falacia del accidente, tómese un segundo para considerar si debería haber una excepción para una instancia determinada. El ejemplo anterior es relativamente extremo, pero hay casos más pequeños o situaciones más complicadas en las que la respuesta puede variar considerablemente.

Evidencia Anecdótica

La evidencia anecdótica puede convertirse en una falacia lógica con bastante facilidad cuando se utiliza para generalizar. Una persona, por ejemplo, puede usar una anécdota como argumento de apoyo para algo en general. Esto no es una evidencia sólida. En primer lugar, la evidencia anecdótica es circunstancial y no se puede investigar realmente científicamente, también porque un caso aislado o un conjunto aislado de casos de una fuente y ventaja singular no es un conjunto de datos satisfactorio para observar los fenómenos en general.

Por ejemplo, si alguien argumenta: "Mi hermano, Darrell, es de Arkansas y le encanta pescar. Todos en Arkansas aman la pesca", entonces esta sería una generalización incorrecta porque no todos en Arkansas adoran la pesca. El hecho de que su hermano Darrell viva en Arkansas y ame la pesca es simplemente una evidencia anecdótica y no tiene ningún tipo de investigación o encuesta adjunta para respaldar una afirmación de que todas las personas de Arkansas, o incluso la mayoría de las personas de Arkansas, disfrutan de la pesca. Como resultado, esto no es un argumento sólido y debe tomarse con un grano de sal.

Evidencia incompleta

La falacia de evidencia incompleta es otra forma de generalización incorrecta. Gira en torno a la exclusión de datos que no parecen indicar la conclusión que la persona está tratando de demostrar. Es increíblemente común en las organizaciones políticas, pero también es común en cualquier sitio cuando alguien está tratando de quedar bien.

El simple hecho es que a menudo, algunos datos pueden ser contradictorios. Lo que se debe hacer es acercarse y presentar estos datos y permitirlos dentro de su cosmovisión o criticarlos desde un punto de vista lógicamente sólido. Lo que es intelectualmente *deshonesto* es dejarlo por completo.

Esto no quiere decir que alguien tenga que incluir todos los datos dentro de sus afirmaciones. Técnicamente, cualquier cosa es un dato que puede afectar una conclusión dada, ya que todas las cosas están interconectadas a través de causa y efecto. Sin embargo, si no existe una razón justificable para incluir los datos, como puede suponerse, o si no afecta directa o indirectamente a la conclusión presentada en el argumento de alguna manera, los datos no necesariamente tienen que ser presentados por la persona que hace la discusión. Los datos pueden ser retenidos, y la persona que retiene los datos no está técnicamente haciendo nada falaz al retener dichos datos.

Un ejemplo simple de evidencia incompleta podría ser considerado un currículum. En un currículum, no está enumerando sus rasgos defectuosos. Trata específicamente de ofrecer una visión unilateral de lo que lo convierte en un empleado particularmente aceptable y luego trata de usarlo para ayudar al empleador en cuestión a justificar la decisión de contratarle en primer lugar. Esto, por supuesto, es reconocido por el empleador. Como resultado, el empleador a menudo incluirá otras medidas para compensar este balance: intentarán ponerse en contacto con sus empleadores anteriores y con cualquier referencia que haya indicado como medio para verificar que la información que ha proporcionado a su favor es verdadera, como parece relativamente lógico.

El simple hecho es que está escogiendo cosas buenas de sí mismo, así que esto es un buen ejemplo. El hecho de que no esté publicando nada que pueda considerarse negativo significa que está seleccionando información, aunque eso es lo que debe hacer.

Analogía Falsa

Una falsa analogía es algo similar a las instancias enumeradas anteriormente de los argumentos que son defectuosos debido a su generalización. Sin embargo, una falsa analogía es un argumento deficiente porque la analogía utilizada no encaja muy bien o no parece tener una conexión lógica con la situación en cuestión.

En una falsa analogía, en primer lugar, se forma una conexión entre dos argumentos. Entonces, se reconoce que uno de ellos tiene una calidad dada. La analogía entre ambos se usa para afirmar que la otra tiene la misma calidad. Esto no significa necesariamente que las cosas sean iguales en un sentido lógico; más bien, solo que se estableció una conexión entre los dos basados en una supuesta conexión que puede o no resistir un control lógico. Por ejemplo, el análisis lógico de la analogía dada puede mostrar que hay muchas razones por las que la conexión es reduccionista o no tiene en cuenta diversos factores.

Un ejemplo de una falsa analogía sería decir que las personas que no pueden pasar una mañana sin ir a Starbucks son tan adictas como las personas adictas al alcohol. Por supuesto, esto puede parecer cierto: después de todo, una adicción es una adicción, ¿verdad? Pero un examen más detallado demostraría que las dos situaciones no son en absoluto las mismas. La adicción a la cafeína y la adicción al azúcar no son tan peligrosas para la salud como lo es la adicción al alcohol y no tienen el mismo efecto en la vida personal.

Generalización Precipitada

Una generalización precipitada es cuando se generaliza una situación para todo un grupo, incluso cuando realmente no se tienen los datos necesarios para aplicar ese tipo de generalización. En matemáticas, existe un concepto en las pruebas llamado prueba por agotamiento, en el que se muestra a un número suficiente de casos que algo es cierto y posteriormente se usa como un medio para probar su afirmación. Sin embargo, esto solo funciona si tiene un conjunto de datos exhaustivo. Si solo tiene datos para un reducido subconjunto de su conjunto, entonces no podrá generalizar los datos de manera justa.

A menudo, esto ocurre como resultado de que alguien está tratando de llegar a algún tipo de conclusión con respecto a un conjunto de datos sin tomarse el tiempo suficiente para considerar todo lo que implica.

Un ejemplo de una generalización apresurada es:

El estudiante A no tiene un desayuno saludable todos los días y obtuvo una A en el examen.

El estudiante B no tiene un desayuno saludable todos los días y obtuvo una B en el examen.

Por lo tanto, si los estudiantes C, D, E, F, etc. no tienen un desayuno saludable, aún pueden obtener buenos resultados en un examen. Por lo tanto, la nutrición y el acceso al desayuno no afectan el rendimiento académico del estudiante.

Este tipo de conclusión apresurada socavaría estudios previos sobre el tema basados en el desempeño de dos estudiantes que, a pesar de su falta de desayuno, pueden haber pasado una cantidad excesiva de tiempo estudiando, pueden tener mejores vidas en el hogar o saltarse el desayuno conscientemente y tener una gran experiencia en nutrición; de lo contrario, a diferencia de otros estudiantes que pueden omitir el desayuno y así sucesivamente. Todas estas variables afectarían el rendimiento académico de un estudiante y no se podrían tomar en cuenta con un conjunto de datos tan pequeño porque los dos resultados de las pruebas reportados solo muestran puntuaciones altas en los exámenes y una falta de desayuno, sin tener en cuenta más propiedades y, lo que es más importante, sin tener que esforzarse más para explorar el vínculo entre el desayuno y la nutrición y los resultados de las pruebas en general.

Un conjunto de datos más amplio sería capaz de mostrar una mejor calificación promedio para el examen dado, e incluso entonces, solo se aplicaría a este examen específico; una conexión real solo se puede encontrar explorando la misma variable en múltiples exámenes diferentes de diferentes dificultades y diversos grupos de estudiantes con y sin acceso al desayuno.

Ningún Auténtico Escocés

Esta es otra falacia de la generalización. Esta falacia específica se basa en la idea de trasladar los objetivos a una generalización, a menudo como una forma de refutar el contrapunto de alguien o ignorar que existe un contra-argumento. Esto se invoca a menudo para que alguien intente guardar su punto de vista después de que alguien señale un fallo en su generalización.

Tome, por ejemplo, si dijo: "A ningún norteamericano no le gusta la tarta de manzana", y a alguien argumenta en contra "Yo soy estadounidense, y no me gusta la tarta de manzana". Puede intentar conservar su punto original respondiendo: "A ningún estadounidense le gusta la tarta de manzana". Esto implicaría que la persona que no le guste la tarta de manzana no es un estadounidense auténtico y esa es la razón por la que no le gusta la tarta de manzana.

Esencialmente, el argumento Ningún Auténtico Escocés trata de argumentar contra la autenticidad de un ejemplo dado afirmando que no es realmente un ejemplo auténtico del grupo que se generalizó en primer lugar.

Excepción Abrumadora

Una excepción abrumadora es otro error de generalización que se basa en el hecho de que se hace una generalización que es técnicamente cierta, pero luego se califica con un cierto conjunto de excepciones que son tan numerosas que el conjunto inicial se ha reducido a algo bastante minúsculo.

Supongamos, por ejemplo, que alguien argumenta: "Todos los mamíferos son gatos, excepto aquellos que no son gatos".

Esto es casi una caricatura del concepto, ya que es difícil encontrar un ejemplo real de esto sin entrar en el territorio político y muchos otros ejemplos más tontos. Sin embargo, al mismo tiempo, esto encapsula perfectamente el espíritu de la abrumadora falacia de excepción.

La generalización en su conjunto es técnicamente cierta. Y, de hecho, la afirmación "Todos los mamíferos son gatos" suena impresionante por sí misma, pero está cerrada por la calificación tautológica. En este contexto, la falacia parece una obviedad porque la calificación es tautológica; por supuesto, todos los que no son gatos no son gatos, y todos los mamíferos que no son gatos no son gatos. Pero con una nueva redacción no tautológica inteligente, uno puede hacer que esto parezca impresionante:

"Todos los mamíferos son gatos, excepto los que ronronean y los que maullan".

Esto parece excluir una base más pequeña que la anterior debido a la forma en que está redactada, pero en realidad excluye al mismo grupo. Este es solo un ejemplo de cómo alguien podría manipular el fraseo y mostrar las cualidades de algo como un medio para respaldar su propio argumento sin tener realmente un argumento coherente o ningún tipo de datos para respaldar su generalización. Si uno no es consciente de esta falacia, y de que puede ser impugnada razonablemente, la gente puede salirse con la suya con declaraciones bastante graves que se presentan como generalizaciones verdaderas sin ningún tipo de factor de verdad para ellas.

Bloqueos de Pensamiento

Los bloqueos de pensamiento son palabras que intentan no dar una conclusión significativa a un argumento, sino simplemente poner fin abruptamente a la discusión en cuestión. También se les conoce como palabras de lucha porque no toleran ningún tipo de progreso crítico o valioso en el tema y solo sirven para agitar a la persona en el otro extremo de la discusión.

Un ejemplo de un bloqueo de pensamiento podría ser algo como "aquí vamos de nuevo"; esta declaración puede usarse como un medio para indicar que alguien menciona algo todo el tiempo. Sin embargo, el hecho de que mencionen algo todo el tiempo no significa que estén equivocados al continuar mencionándolo. La intención de detener el pensamiento es menospreciar a la persona que sigue trayendo algo para que se sienta tonta por haberlo mencionado una vez más.

Otro ejemplo sería alguien que diga que tiene derecho a opinar y luego dejar la conversación allí o algo así como "estar de acuerdo en no estar de acuerdo"; estos no logran ningún tipo de consenso significativo sobre el tema. Cada argumento tiene un ganador o un perdedor; no tiene que tener ambos. Ambas personas pierden una discusión si cualquiera de los dos no cambia de opinión. O ambos no se comprometen. En este caso, uno puede asumir que el argumento ha fallado, y ambas personas no han podido ver desde la perspectiva de la otra persona o no pueden contrarrestar suficientemente la evidencia y el argumento que están presentando. Los bloqueos de pensamiento estimulan los finales.

Evite los bloqueos de pensamiento a toda costa: no son propicios para los argumentos productivos y hacen muy poco para impulsar la conversación de una manera significativa.

Argumentos de Relevancia

Apelar a la Piedra

Aquí, comenzamos a involucrarnos en falacias que pueden ser un poco más específicas. Estas tienden a apuntar a la relevancia del argumento en sí, o la forma del argumento. Sin embargo, no se confunda; incluso si están dirigidas al argumento y su forma, no necesariamente las convierte en falacias formales porque en realidad no tienen nada que ver con la forma del argumento en sí, sino con cómo la forma impacta en la conclusión.

La primera falacia que vamos a discutir es la apelación a la piedra. La apelación a la piedra se basa en la idea de descartar un argumento dado como absurdo sin dar ninguna razón sustancial de por qué el argumento podría considerarse absurdo en primer lugar.

Digamos que una persona dice: "La Tierra orbita alrededor del Sol".

La segunda persona dice: "Tal cosa es absurda".

La primera persona le pregunta por qué es un argumento absurdo. La segunda persona no proporciona ningún tipo de razón para ello y, en cambio, simplemente refuta de nuevo con el hecho de que es supuestamente absurdo.

Al igual que cualquier otra falacia, la conclusión aquí podría ser ostensiblemente correcta, y la persona todavía está cometiendo la falacia lógica si no la respalda.

Cambiemos los roles:

Si una persona argumenta: "El Sol orbita la Tierra", es empíricamente incorrecto.

Y la otra persona argumenta: "Tal cosa es absurda".

Entonces la primera persona pregunta: "¿Por qué?"

Y la segunda persona no da ninguna razón clara por la que es absurdo y en su lugar solo dice que la persona está equivocada y que la idea es estúpida.

Entonces, la segunda persona, aunque correcta, no es lógicamente exhaustiva porque no está respaldando su afirmación de que la idea de la primera persona es absurda.

Argumento del Silencio

El argumento del silencio es interesante. Esencialmente, es cuando una persona obtiene una conclusión de un argumento basado en la falta de respuesta de la otra. Esto, sin embargo, no es lógicamente coherente.

Supongamos que notó que su televisor desapareció. Le envía un mensaje de texto a su compañero de casa y le pregunta dónde está el televisor. Pasan unas horas - no hay respuesta. Lo llama y él no contesta, o tal vez incluso lo envía directamente al correo de voz. ¿Es esto una indicación de que algo salió mal?

En resumen, no. No es una indicación positiva de una manera u otra, porque no se ha declarado ninguna afirmación concreta ni se ha proporcionado evidencia concreta. Es posible que alguien haya entrado en su casa y haya robado el televisor. También es posible que su compañero de casa esté simplemente en el trabajo y no pueda responder el teléfono.

El silencio no es en ningún caso un indicador de culpa. Es posible que simplemente no tengan ganas de responder y tienen el derecho de hacerlo. Buscar tales indicadores de algo como una conciencia culpable es casi siempre una batalla perdida al final.

Conclusión Irrelevante

Una conclusión irrelevante es fácil de confundir con falacias formales. Sin embargo, son categóricamente diferentes.

La conclusión irrelevante es, esencialmente, cuando se plantea un argumento que, en conjunto, podría ser un argumento fino que sea lógicamente exhaustivo, pero que aun así no resuelva el problema en cuestión. No se debe confundir con un non-sequitur, que es un argumento donde la conclusión no sigue la premisa de forma lógica (como ya hemos establecido).

Un ejemplo de una conclusión irrelevante sería alguien preguntando si era legal o no adueñarse de una casa. Si tuviera que responder con: "No debería ser legal adueñarse de una casa porque daña la propiedad de otra persona", a pesar de que su argumento es válido y también es sensato, en realidad no aborda el problema actual, que es el problema. Cuestión de legalidad, no validez. En este caso, ha dado una conclusión irrelevante y ha sido completamente inútil.

Con suerte, no será quien lleve a cabo esto. Si alguien más hace esto, tenga un poco de paciencia y trate de explicar por qué lo que dijeron es una falacia lógica sin ser acusativo. Sin embargo, en un debate real, esto podría descarrilar fácilmente toda la discusión si no se cierra rápidamente, así que asegúrese de hacerlo.

Ad Hominem

Introducción

Vamos a desglosar mucho esta falacia específica porque tiene múltiples subtipos diferentes, pero por ahora, veámosla en abstracto.

Ahora hemos comenzado a avanzar hacia falacias de arenque rojo. Estos son argumentos que intentan desviar el enfoque del argumento y, en cambio, aprovechan otras cosas, que pueden o no ser lógicamente acertadas o verdaderas por sí mismas, para obtener la ventaja en el argumento.

Algunos ad hominem en sí mismos son específicamente un argumento que está dirigido a la persona contra la que está argumentando. En un argumento ad hominem, usted ataca la validez de la persona en lugar de los puntos que está haciendo. Existen numerosas formas de la falacia ad hominem que ahora se mostrarán.

Falacia Abusiva

La falacia abusiva es muy común. Tiene muchos nombres; a veces una discusión se torna intensa, y no puede evitar llamar a alguien con un insulto horrible. En esos casos, no es lógicamente exhaustivo (lo crea o no).

No hay mucho que decir sobre esto. Si alguien está tratando de establecer algún tipo de punto y usted lo rechaza por completo y simplemente lo llama idiota en lugar de presentar un argumento conducente contra ellos, no es lógicamente exhaustivo. Ahora, eso no quiere decir que esto sea siempre algo malo. A veces las personas tienen opiniones realmente horribles y discutir no es la forma de comunicarse con ellas. Sin embargo, los argumentos que evitan los insultos son su mejor apuesta.

Apelar al Motivo

Una apelación al motivo es una falacia un tanto única y meramente simple. Muchas veces las personas parecen defender las causas porque tienen intereses creados en ellas. A menudo, esto es cierto. Quizás en este día y en esta época sea correcto cuestionar los motivos de alguien; después de todo, nunca se puede ser demasiado cuidadoso ni crítico.

Sin embargo, no puede permitir que eso sea todo el núcleo de su argumento, y debería cuestionar a cualquiera que use este tipo de cosas como el núcleo de su argumento. Si bien alguien puede tener motivos negativos detrás de su argumento o posición dada, debe recordar que cuestionar sus motivos no es un argumento en contra de su posición en sí misma. No está haciendo nada para desacreditar su posición al hacerlo, solo está debilitando tu propia posición haciéndose parecer falaz e ilógico, lo cual no es del todo falso.

Nuevamente, cuestione los motivos, pero hágalo en privado. No lo exponga a la mitad de la discusión y espere que salga bien, porque lo más probable es que no termine bien.

Ergo Decedo

Ergo decedo significa "luego irse" y también se puede llamar la falacia del crítico traidor. ¿Alguna vez ha sido miembro de un servicio y ha criticado el servicio por algunas cosas (diciendo que podría haber algunas mejoras) y que las personas intentan hacer que suene como un traidor y responden: "Si no le gusta, entonces puede irse"? Si es así, esta es la falacia en acción.

Implicar que alguien es un traidor o tiene lealtades externas no desacredita nada de lo que está diciendo. Esto puede ser realmente algo negativo e inhibir el progreso real que se está realizando porque detiene cualquier tipo de discusión racional que ocurra.

Digamos que Tony es miembro de una sociedad donde todos los lunes, la ley exige que las personas beban seis vasos de leche. Tony comienza a hablar con sus amigos acerca de por qué esta política es tonta. No cree que la ley deba obligar a las personas a beber seis vasos de leche. Sus amigos dicen: "Si no te gusta la política, ¿por qué no te mudas a otro lugar?"

En realidad, esto no aborda el argumento que Tony está haciendo (que obligar a beber seis vasos de leche los lunes es absurdo) y, en cambio, implica que Tony es un traidor por no querer beber seis vasos de leche. El argumento de ninguna manera defiende el consumo de seis vasos de leche, ni tampoco desacredita el hecho de no beber seis vasos de leche. Solo sirve para desacreditar a Tony.

Envenenar el Pozo

Envenenar el pozo es una forma de falacia ad hominem en la que una persona intenta desacreditar todo el argumento de un oponente al presentar algún tipo de reclamo que pretende hacer que toda su perspectiva parezca inválida.

Por ejemplo, Jim y Bob están en una reunión sobre la financiación de escuelas públicas. Están discutiendo si se debe recortar el presupuesto de las artes para permitir un mayor gasto en programas deportivos. Jim argumenta que tal cosa no debería ser verdad. Bob, entrenador de fútbol y fanático de los deportes, y cuyos hijos son extremadamente activos en los equipos deportivos locales de sus escuelas, se pone de pie cuando Jim termina y les pregunta a todos si realmente van a escuchar a un tipo que engañó a su esposa. Bob trató de envenenar el pozo y de poner a la gente en contra de lo que Jim tenía que decir y, en el proceso, no proporcionó ningún argumento para apoyar la financiación de las artes.

Vigilancia del Tono

La vigilancia del tono es relativamente común. A todos les gusta pensar que son psicólogos y comprenden perfectamente todos los matices del lenguaje corporal y la comunicación verbal y no verbal. Sin embargo, esto simplemente no es el caso. Muchas personas en una discusión intentarán enfocarse en el tono en el que alguien dice algo en lugar del contenido de lo que están diciendo. Luego discutirán contra el tono de la persona.

Por ejemplo, digamos que la hermana de James, Becky, fue enviada a casa desde la escuela por violar el código de vestimenta. James es protector con su hermana y no cree que ella estuviera haciendo algo mal, por lo que va a la escuela y está comprensiblemente enojado. Él comienza a hablar con el director, y el director intenta desacreditar su argumento al enfocarse en el hecho de que James está enojado en lugar de tratar de argumentar contra las cosas que James está diciendo. El director sería el tono policial de James argumentando en contra del hecho de que James está enojado. La ira o cualquier tono de voz específico no invalida el argumento de alguien. Algunas personas tienen derecho a estar enojadas por una cosa u otra sobre las que están dispuestas a discutir.

Nuevamente, trate de no refutar a la gente de la policía y suponga que su estado emocional influye en la validez de su argumento. Discutir no solo se hace estoicamente.

Apelaciones Autorizadas

Apelar a la Autoridad

Hemos cubierto la mayoría de las falacias basadas en ad hominem, y ahora nos centraremos en otras falacias de relevancia.

La apelación a la autoridad se basa en la idea de que algo es más probable que sea verdad porque la persona se encuentra en una posición de autoridad.

Si el presidente dijera mañana que es saludable comer 4.000 calorías por día, entonces eso sería absurdo. Si alguien lo citara en una discusión, apelarían al hecho de que él es el presidente. Como él es el presidente, debería poder hablar razonablemente sobre las restricciones dietéticas. No porque él lo sepa, sino porque está en una posición de poder. Eso sería una falacia. El presidente no necesariamente sabe nada acerca de la información dietética por defecto, y uno no puede asumir que todo lo que dicen es un hecho solo porque lo pusieron a la vista.

Apelación al Logro

La apelación al logro se asienta cómodamente junto con la apelación a la autoridad, mientras que la apelación a la autoridad se basa en la idea de que quien diga que algo está en una posición de poder o autoridad, la apelación al logro se basa en el hecho de que quien dice que algo está en una posición de haber logrado algo significativo.

Por ejemplo, un ganador del Premio Nobel sale mañana hablando en contra de la vacunación. Es poco probable, pero podría ser algo que no esté relacionado activamente con su campo. Si fueran economistas, por ejemplo, no *necesariamente* tendrían que tener algún tipo de experiencia en epidemiología o medicina.

Si alguien que estaba en contra de las vacunas comenzó a utilizar a esta persona y sus logros como una razón para apoyar su posición, entonces serían culpables de la apelación al logro. El hecho de que la persona en cuestión haya logrado algo significativo no significa necesariamente que su opinión valga más que la opinión de la persona estándar. También son tan susceptibles de estar equivocados o ignorantes acerca de algo que nunca han estudiado, por lo que no es impensable que solo porque se logren, saldrán a favor de algo científicamente desagradable.

El punto clave es que, si las personas intentan presentar una cita realizada de una figura realizada como necesariamente indicativa de la validez de un argumento, ambas son acertadas y atractivas para el logro sin mayor justificación y justificación de su decisión. Por supuesto, existe una diferencia entre citar a un economista en una discusión sobre la economía y citar a una estrella de cine con múltiples óscares que alguna vez dijo algo sobre una situación de la que realmente no saben mucho.

La Respuesta del Cortesano

Al otro lado de estas dos falacias de primos que se besan está la *respuesta del cortesano*. Al igual que los otros dos, no permita que uno levante completamente una discusión sobre el hecho de que alguien que es exitoso o poderoso lo dice. Este no permite que uno simplemente *desacredite* un argumento debido a la falta de experiencia que se percibe al final de la persona que está haciendo el argumento.

Simplemente no es un argumento. Si tiene o no alguna validez situacional es irrelevante; si su principal argumento en contra de alguien es que no están calificados para hablar sobre el tema, entonces no está refutando nada de lo que tienen que decir. Esto también es un poco de un ataque ad hominem por encima de todo lo demás, pero puede ser una falacia común que se da en respuesta a uno de los argumentos anteriores.

Este argumento es comúnmente usado por la gente de ambos lados políticamente cuando alguien que está en la industria del entretenimiento hace públicas sus opiniones políticas. Curiosamente, solo parece suceder cuando las opiniones del artista no coinciden con las suyas. Las personas dirán cosas como "Deberían atenerse a la música / películas" en lugar de pensar en lo que la persona tenía que decir o argumentar en contra del núcleo de su argumento. No hay sustancia para este tipo de refutación, y debe evitarse.

Argumentos Emocionales

Apelar a la Emoción

Esta tiene diferentes subsecciones. En lugar de dividirla en diferentes secciones, la cubriremos aquí.

Una apelación a la emoción es un argumento que trata de apelar a la emoción de las personas en lugar de intentar apelar mediante un razonamiento válido. No hay nada de malo en esto, es solo que no es puramente lógico. La combinación de razonamiento válido y emoción es una gran herramienta persuasiva. Sin embargo, algunas técnicas sirven exclusivamente para cambiar o manipular las emociones de las personas, y estas no son argumentos lógicamente sólidos o valiosos en sí mismos. Es más, es relativamente difícil restar importancia e ignorar este tipo de apelaciones porque la emoción es a menudo más fuerte que la lógica con respecto a las audiencias.

El primer gran atractivo para la emoción es el atractivo para el miedo. La apelación al miedo es una herramienta argumentativa que tiene como objetivo construir el miedo al otro lado del argumento. Para ilustrar, todos los argumentos siguientes involucrarán a dos personas: Nancy y Mandy.

Nancy y Mandy se postulan para cargos públicos y están debatiendo en un evento público. Están tratando de desacreditar las emociones de los demás.

Una apelación al miedo en el final de Nancy sería algo así como decir que, si la gente elige a Mandy, Mandy intentará prohibir algo que todos aman. Este es un atractivo clásico para el miedo. No importa si esto es realmente parte de la plataforma de Mandy o no; todo lo que importa es que Nancy apela y capta el miedo de la audiencia, luego puede manipularlo con éxito de ahí en adelante.

El siguiente gran atractivo para la emoción es el atractivo para la *adulación*. Esta apelación se produce cuando alguien intenta usar la adulación para ganar una discusión y obtener apoyo. Si Mandy tuviera que contrarrestar la calumnia de Nancy observando a la audiencia y diciendo que sabe que una "ciudad diversa e inteligente" no creería algo así, entonces intentaría mantener a la ciudad en la calle y hacer que se sientan como si fueran especiales.

El siguiente es la apelación a la *compasión*. Es un intento abierto de intentar obtener apoyo a través del uso de la compasión. Si, en respuesta a Mandy, Nancy mencionara de forma espontánea el hecho de que ella sabe de primera mano lo que es sentirse necesitado en esa comunidad, porque creció pobre, sería atractiva a la compasión. Al tratar de ganarse la pena de la audiencia, ella trata de parecer que realmente merece, por una razón u otra, sus votos.

El siguiente es apelar al *rencor*. La apelación al rencor es cuando intenta aprovechar el desdén de la audiencia o las emociones internas hacia algo para obtener apoyo para su propia causa. Si Mandy respondiera a Nancy diciendo que la gente debería votar por ella, ya que no está tratando de manipularlos para que se sientan mal por ellos, eso se llamaría apelar al rencor.

Por último, está la falacia del *pensamiento ilusorio*. Esto se basa en la proposición de una idea que se percibe como deseable para la audiencia. Si Nancy se opusiera a Mandy diciendo: "En realidad, un voto para mí es un voto para una economía próspera y mucho más dinero en su bolsillo", entonces estaría apelando a las ilusiones.

Nótese que este debate apenas tuvo ningún tipo de flujo real. Al final, uno probablemente no querría votar por ninguno de los candidatos. ¿Por qué? Porque ninguno de los dos trató de decir nada de sustancia y siguió intentando ignorar el atractivo de la emoción por parte de los demás. Ninguno de los dos presentó ninguna evidencia real a favor de su plataforma; solo dijeron cosas vagas para desacreditar a los demás, y ese fue el final del debate. ¿Por qué debería votar por alguno de ellos?

Esto ilustra por qué este tipo de apelación es altamente falaz y no merece una consideración seria en ningún contexto de debate. Evítelos, pero no tenga miedo de usar los conceptos subyacentes de la influencia emocional en sus argumentos, además de los argumentos válidos y los datos lógicos.

Pooh-pooh

La táctica *pooh-pooh* es una falacia común que apunta a desacreditar principalmente un argumento diciendo que no es un argumento válido en sí mismo y no es realmente digno de ser considerado. La falacia de Pooh-Pooh es esencialmente tratar un argumento como si fuera totalmente ridículo y simplemente ignorarlo por completo.

Un ejemplo famoso es Charles Darwin. Cuando publicó por primera vez sus libros sobre la evolución, muchos críticos no discutieron su ciencia ni su razonamiento, sino que los consideraron intrascendentes y ridículos. Esto, por supuesto, no es un argumento en sí mismo. Esto es algo similar a una falacia que ya hemos discutido, pero que tiene más que ver con el rechazo de un argumento en lugar de la afirmación de que el argumento es irrelevante o estúpido por sí solo.

Lenguaje del Juicio

Es imposible dar un ejemplo de este porque sería altamente inapropiado. Sin embargo, el lenguaje crítico es cuando una persona usa un lenguaje altamente ofensivo o insultos absolutos como un medio para invalidar el argumento de otra persona e intentar conquistar a la audiencia. No sirve muy bien a su propósito y sirve principalmente como un medio para el fin de parecer tonto. Sin embargo, cuando la audiencia ya tiene vitriolo contra alguien, esta importante herramienta retórica puede usarse para acorralar todo ese odio y enojo contra alguien. Es un movimiento desagradable políticamente, pero es extremadamente común.

Apelaciones Ilógicas

Apelación a la Edad

Esto puede tomar dos formas: la apelación a la novedad o la apelación a la tradición. En cualquier caso, algo no es necesariamente bueno o malo porque es nuevo o porque está anticuado, ya sea una norma social o una tecnología.

Un ejemplo sería decir que los teléfonos de marcación rotativa son mejores porque son los que nuestros abuelos usaban y las cosas eran más simples en ese entonces.

Apelación a las Finanzas

Esta es una falacia lógica común. Cualquier argumento que tenga que ver con la situación financiera de alguien es falaz a menos que la discusión en cuestión tenga que ver específicamente con su situación financiera. Nadie tiene una opinión equivocada porque son ricos o pobres; tienen una opinión equivocada porque tienen una opinión equivocada. Su situación financiera puede verse influida por ello, pero al igual que muchas de las otras falacias, un argumento en contra de esto no es en realidad un argumento en contra de su posición; es solo un argumento en contra de ellos. Podrían tener la misma posición en una situación financiera diferente.

Apelación a la Naturaleza

Este es a la vez común y poco pensado. Hay muchas personas que piensan que algo natural invalida automáticamente el concepto. La apelación a la naturaleza es una falacia lógica que equipara el estado natural de algo como algo inherentemente bueno.

Esto es, por supuesto, falaz. Hay una serie de cosas naturales que son malas, como la cicuta, por ejemplo, o la sombra de la noche. También hay una serie de cosas *antinaturales*, es decir, cosas procesadas, aquellas que no son directamente de la naturaleza, pero que se han convertido en algo a través de procesos químicos, que son muy buenas.

Un ejemplo sería el ibuprofeno. El ibuprofeno no es natural, pero es muy beneficioso como analgésico con un bajo nivel de toxicidad en comparación con otros analgésicos y es eficaz en combinación con naproxeno para el alivio del dolor de bajo nivel.

Un recurso a la naturaleza carece de fundamento. Si alguien dijera que cierta píldora es excelente porque es completamente natural (como las cápsulas de canela), entonces sería atractiva para la naturaleza. Podría ser beneficiosa, pero no porque sea natural.

Argumentum ad Populum

Este argumento se basa en la idea de la población general. En esencia, este argumento gira en torno al concepto de "todo el mundo lo está haciendo". Esto no siempre es el caso, por supuesto. Esto también a veces va de la mano con la apelación a los argumentos de edad.

Por ejemplo, la costumbre de una ciudad que es extraña y potencialmente peligrosa podría apoyarse a través del argumento del carro (¡todos lo están haciendo!) Y la apelación a la tradición (¡hemos hecho esto durante siglos!). Sin embargo, ninguno de estos necesariamente niega el argumento en contra de tal cosa, ni apoya el argumento en su contra.

Si un pueblo entero tuviera una tradición en la que los domingos tiraran su basura al río, sería una mala idea por razones obvias. Sin embargo, alguien puede intentar justificarlo diciendo que es lo que hace todo el mundo, por lo tanto, es lo correcto. Este no es el caso. Podría argumentar en contra de ello señalando que tal cosa es una falacia lógica y que el hecho de que todos hagan algo no tiene nada que ver con si es algo lógico y bueno. Nada conecta la noción de acción común con la noción de bondad inherente de la acción. Podría argumentarlo señalando que la contaminación es un problema importante y que podría estar dañando a la vida silvestre local, que en el futuro también perjudicará a las personas que lo están haciendo.

Ipse Dixit

A veces, las personas en una posición de poder o autoridad pueden hacer un reclamo sin proporcionar ningún tipo de evidencia a favor de él. Esto es increíblemente falaz. A menos que algo sea de conocimiento común o abordado previamente, siempre debe citar sus argumentos cuando sea posible. Incluso si no puede citarlos, tiene que ser capaz de dar ejemplos específicos para respaldar su reclamo y no solo dejar que se asiente sobre la base de que sabe de lo que está hablando debido a su autoridad percibida en la arena dada.

Si alguien dijera: "Todos los plátanos son rojos", sin proporcionar ninguna evidencia que respalde su afirmación, la afirmación es errónea. Esto puede parecer un poco obvio, pero la verdad es que muchas personas asumen que las afirmaciones sin fundamento son aceptables si las pronuncia alguien que tiene autoridad en el campo dado.

Malentendidos

Falacia Genética

Esta falacia es algo así como el socio conceptual de la falacia lingüística. ¿Recuerda discutir cómo algunas personas cometen la falacia de asumir que una palabra solo debe tener su significado original y no necesariamente debe usarse en su significado actual? La falacia genética es correlativa a eso. La falacia genética es básicamente un argumento que se centra principalmente en los orígenes de algún concepto o persona y no logra contextualizar el significado y la situación actuales de esa persona.

Los "cuernos del diablo" son una famosa señal de mano que se usa en círculos de rock and roll. Sin embargo, no siempre tuvo este significado. Hace mucho tiempo, fue utilizado en un intento de evitar espíritus malignos y demonios. Una discusión con una falacia genética diría que un grupo de personas en un concierto de rock están tratando de alejar a los demonios en masa invocando las imágenes del cuerno del diablo. Esto obviamente no es cierto, porque, en un contexto moderno, es un signo común utilizado entre las multitudes de rock and roll. Hay una diferencia masiva aquí que debe ser respetada, y que simplemente no está dentro del contexto de la falacia genética.

Falacia del Hombre de Paja

La falacia del hombre de paja es muy común. ¿Alguna vez ha estado en una discusión y parece que alguien está discutiendo contra algo que nunca dijo? Esto pasa mucho. Las personas proyectan un cierto estereotipo sobre las personas que creen de manera diferente a lo que ellos creen y con demasiada frecuencia asumirán que este estereotipo resume las opiniones de cualquiera que piense de manera diferente. No importa el hecho de que este tipo de afirmación tenga una base muy pequeña de hecho o incluso que represente ligeramente las opiniones reales de la persona contra la que se está argumentando.

Con frecuencia, esta caricatura puede salirse de control y convertirse en una parodia de sí misma, ya que comienza a tomar puntos de vista y ser burlada entre personas de puntos de vista comunes. Esto lleva a que las personas sean acusadas de tener puntos de vista con los que nunca llegaron a simpatizar. A menudo, se basa en un simple malentendido de los motivos básicos y los pensamientos subyacentes de las personas que están siendo caricaturizadas. Esto puede llevar a malentendidos masivos en situaciones de tipo debate, ya que las personas intentan argumentar cosas que nadie cree realmente.

Un buen ejemplo es el veganismo. Muchos veganos están a favor de los derechos de los animales y harán todo lo posible para apoyar los derechos de los animales, como aparecer en protestas. Unos pocos individuos han hecho cosas irracionales, y las personas a las que ya no les gustaban los veganos por una razón u otra, comenzarían a convertirlos en hombres veganos basados en acciones que tomaron un grupo muy pequeño de personas. Además, las acciones radicales tienden a tener premisas radicales que las personas que no se suscriben a la ideología en primer lugar y que no están dispuestas a escuchar son fácilmente pasadas por alto y, como resultado, estas acciones son mal entendidas y mal categorizadas. Una vez más, la política no tiene un lugar formal en este libro, pero este es un análisis justo y equitativo de cómo y por qué un grupo específico de la sociedad podría tener un argumento de paja contra ellos.

Digamos que Jeremy es un hombre mayor que tiene problemas de corazón. Tal vez, él está en las primeras etapas de la enfermedad cardíaca o algo similar. En la búsqueda de reducir masivamente el colesterol en su dieta, su médico lo pone en una dieta basada en plantas, ya que el colesterol se encuentra principalmente en los productos cárnicos. Elimina toda la carne y los productos lácteos por recomendación de su médico.

Jeremy le dice a su mejor amigo, Ron, que ahora es vegano cuando salen a cenar juntos. A Ron no le gustan los veganos porque el novio de su hija es vegano y piensa que el novio de su hija es insoportable. Ron comienza una discusión con Jeremy y lo acusa de pensar que los animales valen más que las personas y levanta varios puntos de vista políticos de Jeremy que parecen incompatibles con la idea de que Jeremy es un activista de los derechos de los animales.

Sin embargo, el hecho de que Jeremy sea vegano no significa necesariamente que sea un activista de los derechos de los animales. Esta suposición de que él es uno es un hombre de paja en sí mismo. Ron no está discutiendo ninguna posición que Jeremy haya tomado, sino una posición que él asume que Jeremy tomaría, que no es una posición muy favorecedora en relación con un argumento.

Francotirador de Texas

¿Alguna vez escuchó a alguien tratar de explicar un conjunto determinado de datos o algún fenómeno, pero luego tergiversarlo masivamente? Esto se conoce como la falacia del Francotirador de Texas.

Una explicación de la broma de la que proviene el nombre podría aclararlo:

Un vaquero en su rancho en Texas nunca ha disparado un arma. Un día, decide que va a salir y disparar un par de rondas. Sale a su granero y dispara por todo el lado del granero, sin ningún objetivo claro en mente. Algunos de los disparos están agrupados en un área similar. Camina hacia el área y luego pinta un objetivo alrededor del grupo de disparos. Señala el objetivo que pintó con el cúmulo de agujeros de bala en el medio y dice: "Caramba, bueno, ¿no soy un francotirador?"

La broma, por supuesto, es que él no es un tirador; es un disparo *terrible*, pero se tergiversó a sí mismo como un francotirador al pintar un objetivo sobre un grupo de agujeros de bala individuales que todos aterrizaron en el mismo lugar. Luego comenzó a distorsionar el cúmulo de agujeros de bala diciendo que era un francotirador.

Usted se sorprenderá de la frecuencia con que esto sucede. Esto se refiere en términos generales a ignorar la diferencia entre un par de cosas mientras se enfoca masivamente en las similitudes entre los puntos de datos.

Supongamos que está utilizando Netflix y están tratando de recomendarle títulos en función de sus gustos y desagrados. Una recomendación falaz sería una que asume que le gusta una serie determinada basada en un pequeño conjunto de cualidades, pero que ignora que no le gustaron muchos programas que tienen muchas cualidades en común con el programa recomendado. Esta sería una recomendación de francotiradores de Texas porque el razonamiento se basaría en un subconjunto muy pequeño de datos que evita un conjunto de datos mucho más amplio.

Tu Quoque

Esta es otra falacia que es común en el discurso político. La falacia surge cada vez que se presenta un argumento en contra de la posición de alguien porque no han tenido esa convicción en el pasado.

Esto también se conoce como "qué pasaría si", *como en si no te gusta X cuando la persona A lo hace, ¿qué pasa cuando la persona B lo hizo?* Esto es una falacia por un puñado de razones.

La primera razón es que las opiniones y las afirmaciones de alguien pueden cambiar con el tiempo. Una perspectiva orgánica y saludable se basa en la adaptación constante en respuesta a argumentos y nuevas pruebas. Esta es la forma en que se *supone* que debe ser, y no tener las mismas opiniones que hace cinco años puede ser algo bueno. Sin embargo, no es exactamente necesario cambiar de opinión.

Por ejemplo, una opinión de que el cielo es azul nunca cambiará de manera inorgánica a menos que se enfrente a una razón muy convincente para creer lo contrario, por lo que no hay razón para creer que la habrá.

La segunda razón es que esto no ataca realmente el argumento en sí. Esto, al igual que otros ataques ad hominem, sirve principalmente para debilitar la posición argumentativa de la persona contra la que se está argumentando, pero en realidad no sirve para ningún propósito real al deconstruir su argumento o su posición.

Recuerde, solo puede presentar un argumento válido contra el argumento de otra persona. Independientemente de su pasado o de su carácter, su argumento solo vale la pena en comparación con su argumento. Como resultado, no puede perderse en la idea de intentar desestabilizarlos. Solo funcionará contra el tembloroso de los que discuten. No tenga miedo de llamarlo cuando le hagan lo mismo; usted está bien dentro de sus derechos para denunciar falacias lógicas y mantener el debate en marcha.

Argumentos Diversos
Pendiente Resbaladiza

La falacia de la pendiente resbaladiza se basa en la idea de que si algo pequeño sucede, entonces causará que ocurran un montón de cosas relacionadas pequeñas e incrementales; lo que eventualmente conducirá a la transmisión de algún evento que se considera negativo, independientemente de si realmente es negativo o no, e independientemente de si el evento negativo realmente se nombra.

En la postura de una falacia de pendiente resbaladiza, algunos pueden simplemente poner el primer evento y los pequeños eventos subsiguientes que podrían suceder, mientras que otros omitirán los eventos secundarios y otros simplemente darán el primer evento y el último evento.

Un ejemplo de una falacia de pendiente resbaladiza es una reunión de la PTA celebrada en apoyo a los niños con discapacidades de aprendizaje que pueden traer animales a la escuela. Luego, alguien se pone de pie y dice que, si se permiten animales para personas con discapacidades de aprendizaje, a todos los estudiantes se les debe permitir traer mascotas. Sin embargo, esto finalmente será destructivo para un ambiente de aprendizaje.

Esto es, por supuesto, erróneo porque no hay obligación de permitir que los niños, en general, traigan animales a la escuela; los niños con discapacidades de aprendizaje probablemente solo tendrían permiso para hacerlo porque los animales les proporcionarían algún tipo de beneficio. Los perros, por ejemplo, han demostrado anecdóticamente que ayudan a calmar a los niños con autismo grave. La idea es que, si permite que un grupo de personas haga algo, eventualmente tendrá que permitir que todas las personas hagan lo mismo sin examinar el contexto de la acción inicial, que es una pendiente resbaladiza, ya que los niños con discapacidades de aprendizaje no traerían perros a la escuela solo por diversión.

Verdad Vacía

Una verdad vacía es cuando algo es verdadero, pero, en última instancia, no tiene sentido.

Por ejemplo, si alguien dijera que todos en la sala de estar usan una camisa gris y no había nadie en la sala para probar esta afirmación, entonces la afirmación sería cierta por defecto porque *nadie* en la sala de estar está vistiendo una camisa gris. En última instancia, este es un experimento mental relativamente divertido y no se presentará con demasiada frecuencia fuera del uso discreto y ocasional como herramienta retórica.

Hemos abarcado la gran mayoría de las falacias lógicas que está obligado a encontrar. Bien hecho por sobresalir y descubrir este tema increíblemente multifacético.

Capítulo 4

Ahora que hemos aprendido acerca de algunas de las falacias lógicas comunes, es hora de aprender cómo evitarlas en su propio pensamiento, así como cómo contrarrestarlas en el pensamiento de los demás. Hasta ahora, este libro ha cubierto las dos grandes categorías de argumentos falaces: formal e informal. El tipo formal cubre cualquier argumento que se derive erróneamente de preposiciones que no siguen. Otros términos para este tipo de falacias son "argumentos inválidos" o no secuenciales. En contraste, las falacias informales son argumentos que son lógicamente sólidos pero que tienen un razonamiento erróneo o que tienen un propósito diferente.

Pero antes de repasar cómo contrarrestar el pensamiento falaz, se debe mencionar que diferentes personas usan argumentos falaces para diferentes fines. Un político puede usarlos para cumplir una meta política, por ejemplo. Un régimen opresivo puede usarlos para promover su máquina de propaganda. Una persona irrazonable puede usar argumentos falaces simplemente por ser irrazonables. Incluso cuando se enfrentan a argumentos en contra o pruebas probatorias, la persona irrazonable continuará discutiendo. En ese punto, lo único bueno que uno puede hacer es alejarse. La gente, en general, se esfuerza por ser razonable. Sin embargo, si algo personal está en juego, la razonabilidad puede romperse.

El objetivo de este libro es fomentar el pensamiento crítico cuando se trata de evaluar argumentos y, en última instancia, aumentar el pensamiento racional. Este capítulo examinará críticamente algunas de las falacias mencionadas en el anterior.

Por Qué las Falacias son Persuasivas

Los fallos están diseñados para ser convincentes, al igual que los buenos argumentos, pero los argumentos falaces no son buenos argumentos. Para que un argumento sea verdaderamente convincente, tiene que ir más allá de las premisas verdaderas y una conclusión verdadera. Debe ser comprensible, ya que no importa cuán buenas sean sus premisas, el argumento no es convincente si las personas no comprenden el vínculo entre la premisa y la conclusión. Además, un argumento convincente es el que resuena cuando las personas que están encima de él son el sonido. Esto es principalmente lo que hace un argumento legítimo: construye la creencia teniendo premisas sólidas que son imposibles de rechazar. Un argumento ilegítimo o un argumento falaz es creíble porque la audiencia ha sido manipulada para pensar así. Estos argumentos a menudo tienen premisas débiles que desvían la atención hacia algo que es más probable que la audiencia acepte.

Evitando las Falacias Formales

Un argumento posee dos componentes: la reclamación o lista de reclamaciones (también llamadas proposiciones) y la conclusión. Para que un argumento sea válido, debe tener una conclusión que se siga lógicamente de la reclamación. Una comprensión de la lógica juega un papel importante en la formulación de argumentos válidos. Además, cada argumento debe seguir una forma lógica. En el campo de la lógica proposicional, estas formas se denominan "reglas de inferencia". Cada variable dentro de una regla de inferencia tiene un valor de verdad (verdadero o falso). Cada conclusión también tiene un valor de verdad que necesariamente se deriva de los valores de verdad de cada variable.

Las falacias que se derivan de las reglas de inferencia se denominan falacias proposicionales.

Afirmando lo Consecuente

Recuerde que al afirmar lo consecuente, se hace la afirmación inferencial de que si Q entonces P. Esto es lo contrario de la regla inferencial llamada modus ponens en la forma de P entonces Q.

Modus Ponens	Afirmando lo Consecuente
(1) Si P entonces Q	(1) Si P entonces Q
(2) P	(2) Q
Entonces Q	Entonces P

De acuerdo con el modus ponens, se puede hacer una afirmación inferencial sobre dos premisas si el antecedente implica el consecuente, pero no existe tal regla que diga que el consecuente implica el antecedente. Por ejemplo:

Modus Ponens	Afirmando lo Consecuente
(1) Si es un gato, entonces tiene cuatro patas y bigotes.	(1) Si es un gato, entonces tiene cuatro patas y bigotes.
(2) Es un gato.	(2) Tiene cuatro patas y bigotes.
Por lo tanto, tiene cuatro patas y bigotes.	Por lo tanto, es un gato.

Algunos animales pueden tener cuatro patas y bigotes, pero no tienen que ser un gato. Probablemente pueda pensar en muchos de estos animales sin demasiado esfuerzo. El principal problema con la afirmación del consecuente es que condiciona si las declaraciones no funcionan al revés, y eso es simplemente una regla de lógica.

Cómo Evitar y Refutar

Reconozca la estructura subyacente de su argumento. Si un condicional implica algo más, probablemente esté usando modus ponens. Sin embargo, si está haciendo la misma afirmación, pero a la inversa, puede estar afirmando el consecuente. Una buena manera de evitar afirmar el consecuente es simplemente reorganizar las afirmaciones:

(1) Si salimos, pasaremos un buen rato.

(2) Salimos.

Por lo tanto, pasamos un buen rato.

(1) Si salimos, pasaremos un buen rato.

(2) Pasamos un buen rato.

Por lo tanto, salimos.

Notará rápidamente que (2) es incorrecto en una de las versiones de la afirmación. Sí, pasamos un buen rato, pero tal vez vimos una película en casa o jugamos videojuegos. Este es un punto de conflicto para contrarrestar este tipo de lógica errónea. Simplemente complete el espacio en blanco con una explicación plausible de por qué sucedió algo. Demostrar que el argumento es incorrecto.

A veces, el lenguaje hace que resulte difícil adivinar cuál es la estructura subyacente. Si dice: "Si pasamos un buen rato, es porque salimos" o "Pasamos un buen rato porque salimos", se hace la misma afirmación inferencial que en (1).

Afirmando una Disyunción

La afirmación de un disyuntivo ocurre cuando se asigna un valor de verdad que no debe estar en una declaración disyuntiva. La confusión puede surgir de no reconocer la diferencia entre una disyunción, un silogismo disyuntivo y afirmar una disyunción. Una disyunción es cualquier declaración que tiene una o entre clases.

Disyunción	Silogismo Disyuntivo	Afirmando una Disyunción
(1) P o Q	(1) P o Q	(1) P o Q
	(2) No Q	(2) Q (P)
	Por lo tanto P	Por lo tanto, no P (Q)

Un silogismo disyuntivo es una regla de inferencia que es mutuamente excluyente o, mientras que una disyunción no lo es, es decir, el silogismo disyuntivo supone que solo una cláusula en la disyunción puede ser verdadera. Una disyunción por sí misma no es mutuamente excluyente. Si dice "está lloviendo" o "hace sol afuera", por ejemplo, entonces, aunque esté lloviendo, la afirmación sigue siendo cierta. Esto es evidente si escribe la tabla de verdad para una disyunción. También tenga en cuenta que, si ambas afirmaciones son verdaderas, la disyunción sigue siendo verdadera. Solo es falso cuando ambas afirmaciones son falsas. "Si nunca ha visto la lluvia y el sol al mismo tiempo, intente visitar Arizona". Para ilustrar con más detalle:

P	Q	P o Q	Está lloviendo	Está soleado	Está lloviendo o soleado
T	T	T	Lloviendo	Soleado	Verdadero; Ambos ocurren
T	F	T	Lloviendo	Sin sol	Verdadero; Lloviendo
F	T	T	Sin lluvia	Soleado	Verdadero; Soleado
F	F	F	Sin lluvia	Sin sol	Falso; Ninguno (nublado sin lluvia)

La falacia, entonces, es asumir una disyunción que es realmente un silogismo disyuntivo cuando no tiene ninguna razón para creer que lo sea.

Cómo Evitar y Refutar

Al simplemente darse cuenta de que una declaración es mutuamente excluyente o no es realmente la clave para evitar afirmar una disyunción. Una palabra clave a tener en cuenta es "cualquiera", como en "las luces de la policía en los Estados Unidos son de color ámbar o azul". Esto puede suponer que se excluyen mutuamente o (si una luz es ámbar, la otra es azul), pero es muy diferente de decir: "Su bebida es Coca-Cola o Pepsi". En ese caso, la afirmación sigue siendo válida si la bebida es Coca-Cola (o Pepsi). La afirmación se vuelve falsa solo si la bebida no es ninguna.

Por supuesto, aún debe prestar atención al valor verdadero de las premisas individuales. El ejemplo dado en el capítulo 2 fue:

Una jirafa está en el zoológico, o una jirafa está en la naturaleza.

Una jirafa está en el zoológico.

Por lo tanto, no hay una jirafa en la naturaleza.

Usando el pensamiento racional, sabemos que una de las premisas es incorrecta desde el principio. Existen muchas jirafas en el mundo (a partir de la escritura), por lo que la premisa es absurda. En ese caso, identificar la falacia es más fácil porque sabemos con un sentido intuitivo que algo está mal.

Para contrarrestarlo, debe probar que el argumento no se excluye mutuamente. La forma más fácil de lograrlo es buscar la palabra "cualquiera". Si no hay "ninguno", entonces la declaración no debe ser exclusiva. Otra forma es leer lo que dice la declaración. Si los dos conjuntos pueden coexistir como en el ejemplo de la lluvia, entonces no es exclusivo.

Negando el Antecedente

Similar a afirmar el consecuente, negar el antecedente es también el inverso de una regla de inferencia. En este caso, es el inverso de modus tollens (negando el consecuente):

Modus Tollens	Negando el Antecedente
(1) Si P entonces Q	(1) Si P entonces Q
(2) No Q	(2) No P
Por lo tanto, no P	Por lo tanto, no Q

Modus Tollens afirma que una cadena inferencial puede romperse negando el consecuente (Q). Si no hay consecuente, no hay base para el antecedente (P):

Modus Tollens	Negando el Antecedente
(1) Si está diluviando, entonces está lloviendo.	(1) Si está diluviando, entonces está lloviendo.
(2) No está lloviendo.	(2) No está diluviando.
(3) Por lo tanto, no está diluviando.	(3) Por lo tanto, no está lloviendo.

Claramente negar el antecedente es formalmente incorrecto. En el ejemplo anterior, no puede diluviar, pero la lluvia puede lloviznar. Es falso que, si no está diluviando, no está lloviendo. No se puede hacer ninguna afirmación inferencial sobre la lluvia simplemente porque no está diluviando.

Cómo Evitar y Refutar

Recuerde que una cadena inferencial comienza cuando usa la palabra "si" o si su argumento toma la forma de "P implica Q". Además, recuerde que una afirmación inferencial no tiene dos sentidos. Si P implica Q, entonces Q no implica P. La negación de P, por lo tanto, es absurda si está tratando de inferir algo acerca de Q.

Otra forma sencilla de ver esto es nunca decir "no P" si el argumento se basa en que Q es verdadero. Es muy fácil de contrarrestar porque la lógica deja un espacio abierto. Si un argumento niega el antecedente, todo lo que necesita hacer es probar que Q no puede ser negado.

Apelación a la Probabilidad

Las tres falacias anteriores eran de naturaleza preposicional. Ahora nos enfocaremos en las falacias formales (aquellas que no siguen) que no tienen una regla de inferencia subyacente para eliminar.

El recurso a la probabilidad es fácil de entender porque su lógica se encuentra a menudo en un lenguaje común. A veces se puede utilizar para un efecto cómico tanto en los medios de comunicación como en la vida cotidiana. Por ejemplo, si algo puede ir mal, lo hará. Esto es evidentemente falso, pero todavía lo decimos. Que algo pueda ocurrir no significa que sea cierto, sino todo lo contrario en la realidad.

Aquellos que estén familiarizados con la filosofía estoica harán la conexión entre apelar a la probabilidad y la forma estoica. Los estoicos dicen que actúan como si el peor de los casos siempre ocurriera. De esa manera, si ocurre algo catastrófico, estará mentalmente preparado o incluso esperándolo. Como mecanismo de afrontamiento, el estoicismo puede hacer maravillas. Sin embargo, está fundamentalmente construido sobre una falacia lógica. Teniendo en cuenta esto, es menos una apelación a la lógica que a la emoción (principalmente el miedo). Más adelante, en este capítulo, discutiremos cómo se puede confundir apelación con emoción con apelación a lógica con falacias informales.

La razón por la cual apelar a la probabilidad se considera formal es que la conclusión no se sigue de la premisa. Por ejemplo:

(1) Conducir bajo la influencia del alcohol causa accidentes fatales.

Por lo tanto, si conduzco después de beber alcohol, causaré un accidente fatal.

No tolerar la conducción en estado de ebriedad, pero la apelación a la probabilidad anterior es que cualquier conducción después de beber alcohol puede provocar accidentes fatales. Si bien es probable que ocurra un accidente, no significa que será fatal, ni tampoco que ocurra un accidente. Sin embargo, es un buen eslogan para evitar conducir ebrio. Considere un recurso lógico a la siguiente probabilidad:

(1) Todo número divisible entre 2 es par.
(2) El número 10 es divisible entre 2.

Por lo tanto, el número 10 es par.

Observe cómo existe una clara cadena inferencial desde la premisa uno hasta la premisa dos y luego a la conclusión.

Cómo Evitar y Refutar

Debe asegurarse de que cualquier argumento que realice tenga una clara cadena inferencial. Las apelaciones a la probabilidad son fáciles de detectar porque a menudo se tratan de manera absoluta. Si se encuentra pensando en términos absolutos, dé un paso atrás y vuelva a evaluar su pensamiento. Puede adoptar un sesgo estoico incluso si nunca antes ha escuchado sobre estoicismo porque es una forma natural de pensar en términos de aversión al riesgo. Que algo nunca suceda o siempre sucederá es un ejemplo de mal juicio.

Para contrarrestar la falacia, señale evidencia que diga que el absoluto es defectuoso. Todo lo que se necesita es un ejemplo de una persona que condujo bajo la influencia del alcohol y no causó daños.

Apelación a la Falacia

Responder a un argumento falaz con otro argumento falaz sigue siendo falaz. Estos tipos de apelaciones no se implementan porque la falacia no cuestiona el argumento. Observar la forma del argumento subyacente revela una estructura familiar:

(1) Si P, entonces Q.

(2) P es un argumento falaz.

Por lo tanto, Q es falso.

La forma del argumento es esencialmente negar el antecedente. Pero como ya hemos visto, un antecedente falso todavía puede tener un consecuente que es cierto. Por lo tanto, incluso un argumento falaz puede tener una conclusión correcta. Simplemente decir que el argumento es falso es solo una extensión de negar el antecedente, y no continúa. Además, tenga en cuenta que la mayoría de los argumentos en la vida real no se basan en una sola cadena inferencial, sino que pueden estar compuestos de muchos. En ese caso, incluso si existe una falacia, la conclusión aún puede probarse en algún lugar a lo largo de la cadena.

Cómo Evitar y Refutar

En lugar de atacar la falacia, atacar el argumento. Por ejemplo:

(1) Todos los planetas son cuerpos celestes.
(2) Plutón es un cuerpo celeste.

Por lo tanto, Plutón es un planeta.

Aquí el argumento está en la forma de afirmar el consecuente. Aunque no existe ninguna afirmación, (1) sigue implicando que todos los planetas son cuerpos celestes. Una redacción diferente puede ser: "Si un objeto en el espacio exterior se denomina como planeta, entonces es un cuerpo celeste". Pero nuevamente, el argumento está utilizando una falacia para llegar a la conclusión.

Este ejemplo es interesante porque suena convincente a primera vista. Alguien que no esté familiarizado con la falacia-falacia seguramente no notará que haya algo malo en absoluto. Plutón puede ser un planeta, pero el argumento anterior no prueba que lo sea. La manera falaz de atacar este argumento es decir: "Dado que el argumento afirma lo consecuente, no procede y, por lo tanto, no puede ser cierto". Esta afirmación en sí misma es falsa. El enfoque correcto es atacar la afirmación de que Plutón es un planeta. Tal vez Plutón no pasa una prueba de clasificación por ser un planeta, y realmente es solo una gran roca. En ese caso, el argumento es falso, pero la falacia no tiene relación con su falsedad.

Ataque lo que dice el argumento, y no parecerá tonto (incluso si está tentado a señalar la falacia).

Evitando Falacias Informales

A diferencia de las falacias formales, el tipo informal no tiene un control confiable de la solidez, es decir, todos estos son argumentos bien formados que tienen una cadena inferencial que sigue lógicamente. La mayoría de las veces que piensa en falacias, probablemente piense en estos tipos: argumentos que tienen sentido pero que aún son fundamentalmente erróneos. Si bien estos tipos de falacias son más difíciles de detectar, son los más generalizados en el discurso de hoy en día. Aparecen en comerciales, medios de comunicación y en argumentos cotidianos. Esta es realmente la carne y las papas cuando se trata de falacias.

Como se mencionó anteriormente, las falacias son persuasivas. Ahí radica la dificultad de luchar contra ellos. Sin embargo, una mente clara, armada con las metodologías discutidas en este capítulo, puede encontrarlas donde sea que aparezcan. Pero, así como usted tiene un conjunto de herramientas contra las falacias, aquellos que las emplean regularmente tienen las propias.

Existen tres métodos principales que hacen que las falacias funcionen: distracción, parecido y emoción. Existirá alguna superposición dependiendo del argumento que se haga, pero estos son los tres métodos principales que se analizan en las siguientes páginas.

Falacias de Distracción

El tipo de distracción son argumentos que distraen a la audiencia del tema principal. Es posible influir en el cálculo lógico que da como resultado un argumento defectuoso que es coherente, pero sigue siendo incorrecto.

Falso Dilema

El falso dilema es el rey de la distracción. Un comentarista forzará a su audiencia a ver una representación miope de lo que es posible, generalmente reduciéndolo a dos resultados. Por ejemplo:

(1) O estás con nosotros, o (2) estás con los terroristas.

Puede reconocer esta declaración como un silogismo disyuntivo: una declaración simple o con dos variables y un lanzamiento de "cualquiera de las dos". El punto aquí es que, si bien no existe nada formalmente incorrecto con el argumento, todavía no tiene sentido. Obviamente, una persona no tiene que elegir entre terroristas e inclusión con otra cosa. No hay "equipo terrorista" y "equipo de nosotros" en el sentido objetivo. Sin embargo, esto sigue siendo una declaración de gran alcance. Transmite un sentido de unidad (aunque es falso).

Cómo Evitar y Refutar

Comprenda que cada vez que un orador utiliza una opción binaria como la anterior, es muy probable que esté creando un falso dilema. Muy rara vez se completará un problema polarizado, a menos que sea un hecho trivial como, "Un número es par o impar". Evite usar opciones binarias a menos que esté seguro de que solo hay dos opciones.

Nunca responda a un falso dilema. Encuentre una manera de desviar la pregunta o de negarse a responder porque la pregunta no tiene sentido. Demuestre cómo el dilema es falso: ¿es un silogismo disyuntivo o solo una disyunción? Si es en forma de silogismo, puede mostrar cómo la lógica de cualquiera de los dos es incorrecta.

Pendiente resbaladiza

Es fácil desviar la atención del tema en cuestión haciendo una catástrofe de algo que es menos serio. El desvío funciona al complacer a una falsa escalada de eventos. Si hacemos esto, entonces ocurrirá lo otro, lo que, a su vez, causará otra cosa, etc. Un experto puede hacer que la pendiente resbaladiza parezca completamente razonable, cuando en realidad el argumento es débil. El tipo de lógica empleada en la escalada de eventos es esencialmente una de probabilidad. Es decir, si parece probable que las cosas se intensifiquen, entonces lo harán. Al mismo tiempo, si la audiencia tiene movimientos preconcebidos, este argumento funciona mejor. Por ejemplo:

(1) Si permitimos que los invitados traigan más personas a la fiesta, pronto tendremos que invitar a todo el vecindario.

Este argumento toma la forma general de:

(1) Si P entonces Q; si Q entonces R; si R entonces... Z.

La acusación es que el caso base o el evento P provoca una reacción en cadena que conduce a algo negativo o indeseable. Sin embargo, el caso base no es necesariamente lo que no es deseable en el primer caso.

Cómo Evitar y Refutar

Las pendientes resbaladizas son fácilmente evitables si nunca escala la hipótesis base. Esto resulta complicado en ocasiones porque existe un argumento legítimo de pendiente resbaladiza. Esto ocurre cuando cada cadena sucesiva tiene un resultado probable más fuerte que el anterior. Por ejemplo:

Si no limita el tiempo que pasa jugando a videojuegos, no tendrá suficiente tiempo para estudiar. Si no tiene suficiente tiempo para estudiar, le irá mal en el examen.

En contraste, este es el ejemplo anterior en el que la hipótesis base es la única cadena (aunque más invitados están implicados por los diferentes invitados que invitan a las personas, son lo mismo). Este es un mal argumento porque no está claro cómo la hipótesis base resulta en invitar a todo el vecindario.

La fuerza de este argumento es la defensa de la plausibilidad del caso base de si P entonces Q. Si puede atacar la hipótesis base diciendo que la escalada nunca comienza, entonces puede contrarrestar el argumento. Alternativamente, al demostrar que la cadena casual es débil en algún lugar, puede derribar todo el asunto. Por ejemplo, permitir a los invitados invitar a una o dos personas más como límite. Además, no hay razón para creer que las personas del vecindario conozcan a nuestros invitados (por lo tanto, no pueden ser invitados).

Hombre de paja

Un ataque de hombre de paja bien diseñado puede ser muy convincente. El atacante desvía la atención del problema principal hacia otra cosa que, si bien está relacionada, es completamente engañosa. Esta otra cosa se convierte en un sustituto u hombre de paja para el argumento real, y si la atención no se puede revertir, entonces el argumento puede ir cuesta abajo rápidamente, ya que cualquiera de las partes obtiene puntos de hombre de paja adicionales.

Usualmente, estos argumentos toman la forma de:

(1) La parte 1 hace la proposición X.

(2) La parte 2 argumenta en contra de X al elevar una Y relacionada.

La lógica del hombre de paja no solo desvía la atención, sino que también ataca a la otra parte (pero no siempre) de alguna manera. Por ejemplo:

(1) Necesitamos invertir más en autos eléctricos.

(2) Entonces, ¿apoya la destrucción de miles de empleos en la industria petrolera?

Si bien los automóviles eléctricos están relacionados de alguna manera con una menor dependencia del petróleo, no significa que el primer orador apoye la destrucción de puestos de trabajo. Sin embargo, el segundo orador puede hacerlo parecer, lo que implica que una mayor inversión en automóviles eléctricos es sinónimo de la destrucción de la industria petrolera. En verdad, tener más automóviles eléctricos en la carretera no significa necesariamente que se elimine la industria petrolera.

Cómo Evitar y Refutar

Puede sentirse tentado a presentar un argumento similar si se siente seguro en relación con un tema, o si cree que existe una relación causal donde no existe. Incluso si sospecha que hay una conexión, no significa que la otra persona lo haga o que esté tratando de implicar eso en su argumento. Concéntrese en lo que dice su argumento e intente no poner palabras en la boca de la otra persona.

El simple hecho de señalar que un oponente está usando un hombre de paja es una buena base para un contraataque. Si detecta un hombre de paja, no lo deje pasar desapercibido porque eso puede tener efectos negativos en la dirección del argumento. La clave es detenerlo temprano, ya que hacerlo más tarde puede ser difícil. Nunca entretenga al hombre de la paja de otra persona y no responda con uno de los suyos. Utilice la carga de que su oponente está poniendo palabras en su boca.

Argumento de Ignorancia

Esto, junto con el argumento de Ad-Nauseam, son ejemplos de pensamientos falaces empleados comúnmente por personas irrazonables. No son razonables porque este tipo de argumentos no dicen nada en absoluto, y solo sirven para combatir el hecho de que hay una falta de pruebas sólidas o argumentos convincentes. Este tipo de argumentos son menos convincentes, pero son frustrantes de tratar. Por ejemplo:

(1) Simplemente porque nunca hemos estado allí, no hay razón para creer que la tierra no está hueca.

La teoría de la tierra hueca fue popularizada por el relato de un explorador polar que afirmaba haber volado a través de una "apertura" en los polos. Luego fue trasladado a una tierra de abundancia donde deambulaban gigantes y mamuts lanudos.

O bien usted sabe lo suficiente sobre ciencia para disputar esta afirmación, o no lo sabe. O la ciencia moderna tiene una manera de disputar la afirmación o no la tiene. Pero solo porque la ciencia no puede explicar algo, no significa que sea verdad.

Cómo Evitar y Refutar

El problema con el argumento es que, como profesional no capacitado, está obligado a someterse al argumento. Si usted es una persona que no entiende la física planetaria, por ejemplo, le será difícil dar un argumento en contra de por qué no puede haber gigantes y mamuts lanudos viviendo bajo la corteza terrestre. "Porque suena inventado" no es un argumento fuerte. De hecho, solo fortalece el caso de la persona irrazonable, ya que no se puede encontrar una razón convincente de por qué están equivocados.

Al comienzo del capítulo, se mencionó que existen personas irrazonables y que discutir con ellas es una tarea de tontos. La mejor manera de contrarrestar este argumento es no entretenerlo. Si ninguna de las partes tiene una razón convincente o alguna evidencia real, no hay argumento. La carga de la prueba siempre recae en la parte que presenta una reclamación, y usar este argumento para escapar de esa carga automáticamente desacredita el argumento.

Ad Nauseum

Similar a la falacia anterior, este argumento tiene poco peso, y todo lo que hace es distraer a la audiencia del debate significativo. Usualmente empleados por una persona irrazonable, repetirán lo mismo una y otra vez hasta que alguien admita la derrota, incluso si usted da evidencia convincente.

Supongamos que existe un buen argumento para explicar por qué la Tierra no puede ser hueca (los planetas se forman como sólidos, gravedad, etc.). Hay varias formas en que la persona irrazonable puede responder. Por ejemplo, "Está equivocado porque la ciencia es falsa y fue creada por el gobierno para alimentar sus mentiras". En ese punto, el argumento nunca terminará mientras lo entretenga.

Cómo Evitar y Refutar

Cualquier afirmación extravagante como "la ciencia está equivocada" suele ser la base para alejarse. A la inversa, si alguna vez se opone a la evidencia en contra de su reclamo, tenga cuidado de no presentar un argumento ad nauseum. La evidencia debe silenciar un reclamo defectuoso cada vez.

Moviendo los postes

Nuevamente, esta es otra falacia que puede potencialmente usarse en un argumento irrazonable. Al igual que en Ad Nauseum, mover los postes es una táctica para pedir más evidencia incluso cuando se ha proporcionado evidencia suficiente. En algún momento, proporcionar evidencia se vuelve inviable, y la persona que presenta el argumento no recibe respuesta. En realidad, están colocando frentes para algo que debe haber sido resuelto con la primera instancia de evidencia o contrafactual.

Cómo Evitar y Refutar

No permita que su oponente mueva un poste de portería. Si lo hacen, hay más buenas bases para alejarse. Lo bueno de este tipo de argumentos es que, si está apelando a una audiencia razonable, lo verán a través de la falacia. O si no lo hacen, lo más probable es que lo acepten como falso una vez que demuestre que lo es. La mejor manera de hacerlo es con un contra-argumento propio, generalmente con buena evidencia.

Si Por Whisky

Sea cuidadoso al tratar con argumentos que se centran en la definición de un término. Si un comentarista intenta alterar el significado de algo, automáticamente gana la ventaja. En lugar de responder una pregunta directa, un comentarista puede cambiarla y responder esa pregunta en su lugar. Por ejemplo:

(1) Las armas de fuego deben ser prohibidas.

(2) Si por arma de fuego se refiere al arma mortal de un criminal, estoy de acuerdo. Si por arma de fuego se refiere a una herramienta de defensa doméstica, no estoy de acuerdo.

Cómo Evitar y Refutar

Una definición de una palabra no siempre es moldeable (las palabras pueden significar más de una cosa, pero no deben ser capaces de cambiar definiciones). Por lo tanto, es importante definir sus términos, especialmente si son amplios o controvertidos.

Cualquiera que intente alterar la definición de un término claramente definido no está presentando un argumento sólido, sino que lo está evitando. Hágales enfrentar los hechos.

Falacia Nirvana

Solo porque un comentarista puede pensar en una solución perfecta, no significa que sea la mejor. En otras palabras, simplemente tener una solución concreta es mejor que tener una solución de pastel en el cielo que puede o no ser accesible. A menudo, el argumento nirvana ni siquiera es factible, o da una mala comprensión de cómo se supone que se implementará esa solución perfecta.

Estos toman la forma general de:

(1) X es una solución propuesta para un problema.

(2) X es una solución imperfecta.

Por lo tanto, X es inadecuada.

(1) Las verificaciones de antecedentes y otra legislación sobre armas de fuego hacen que sea más difícil para los criminales conseguir armas de fuego.

(2) Si un criminal quiere un arma, será capaz de adquirirla de cualquier manera

Por lo tanto, los controles de antecedentes y la legislación sobre armas de fuego no disuadirán a los delincuentes armados.

Observe que en el ejemplo anterior solo se sugiere una solución perfecta. La persona que debate contra la legislación sobre armas de fuego no necesita invocar cuál es la solución perfecta. Solo tienen que asumir que uno existe. Aquí, dicen que la solución propuesta de la legislación sobre armas de fuego no disuadirá a los delincuentes determinados de adquirir armas o que los delincuentes ya tienen fácil acceso a ellos. Sin embargo, su argumento no proporciona ninguna evidencia de que la legislación sobre armas de fuego sea ineficaz. Un argumento más sólido puede incluir una solución alternativa, una que no está implícita.

El argumento además asume que es más fácil obtener armas ilegalmente que comprarlas en una tienda. Hacer que el proceso de compra de armas sea oneroso objetivamente hace que sea más difícil para alguien comprar un arma de fuego, ya sea criminal o no. Esta es la principal distracción empleada por este tipo de falacia.

Cómo Evitar y Refutar

En general, es mejor por el motivo incluir algún tipo de acción de seguimiento. El simple hecho de decir que cierta manera está mal porque existe una mejor manera no es suficiente. Si va a argumentar que algo es inadecuado, asegúrese de tener una alternativa concreta.

Una forma posible de contrarrestar un argumento de nirvana es defender lo que es inadecuado haciendo un argumento "suficientemente bueno". Tal vez las verificaciones de antecedentes no disuadan a todos los criminales de obtener armas, pero disuadirán a *algunos*. Alternativamente, restringirán el acceso a las personas que pueden convertirse en delincuentes más adelante.

Falacia del Psicólogo

Si me sucedió, seguramente el resto del mundo ha tenido la misma experiencia. En otras palabras, la experiencia subjetiva de una persona se confunde con la experiencia objetiva de todos los demás. Esto es menos una falacia que sucede en el argumento y más una que ocurre en el pensamiento cotidiano. Pero está mal porque distrae de la realidad. Por ejemplo:

(1) Es un día tormentoso y sombrío.
(2) Los días tormentosos y sombríos me hacen sentir deprimido.

Por lo tanto, los días tormentosos y sombríos hacen que otras personas se depriman.

No solo es defectuoso pensar de esta manera, sino que también es potencialmente dañino. Asumir que otros se sienten de la misma manera conducirá a malentendidos, que son malos para el debate.

Cómo Evitar y Refutar

A veces, durante un debate, hacemos juicios sobre la experiencia de la otra persona basada en la nuestra. No lo haga a menos que tenga una buena razón para suponer que ambos son iguales, es mejor tomar una posición neutral. Nunca asuma.

Determinismo Retrospectivo

La falacia de los jugadores es quizás el opuesto directo del determinismo retrospectivo. Cuando alguien que es culpable de determinismo retrospectivo cree que los resultados siempre serán los mismos, un jugador cree que cuanto más se arriesgan, más probabilidades hay de que ganen el premio gordo. Ambos son incorrectos.

El determinismo retrospectivo tal vez surge de un sesgo humano impreso por una experiencia negativa. Es la incapacidad de mirar hacia adelante o pensar de manera diferente.

Cómo Evitar y Refutar

Dado que esta falacia es común en el pensamiento de personas deprimidas o ansiosas, puede ser difícil para esas personas superarlas. Lo que uno puede hacer es simplemente experimentar con diferentes condiciones y ver por sí mismos que el mismo resultado no ocurre todo el tiempo.

Falacias de Semejanza

Lo siguiente es usar el poder de la semejanza o construir argumentos que sean lo suficientemente similares a los correctos pero que, en última instancia, sean insuficientes. Debido a que los argumentos correctos son convincentes, también lo son las falacias por el parecido, o al menos, tienen un valor nominal. Pero como verá, todos son falaces.

Petición de Principio

Pedir la pregunta significa crear un argumento cuyas premisas reflejan la conclusión. En otras palabras, una tautología. Todo lo que reafirma la verdad se considera tautológico, por ejemplo, "llegaremos allí cuando lleguemos allí" o "porque lo dije". Lo que hace convincente a la pregunta es que el argumento parece ser normal. No siempre es fácil identificar que alguien está haciendo la petición de principio a menos que preste atención. Por ejemplo:

(1) El océano es el elemento más grande de la Tierra porque la Tierra es mayormente azul desde el espacio exterior.

A primera vista, el argumento anterior parece totalmente válido. El océano es el elemento más grande de la Tierra, y la Tierra aparece principalmente azul desde el espacio exterior. Sin embargo, si analiza este argumento, en realidad no dice nada. Para ilustrar aún más:

(1) La Tierra es mayormente azul desde el espacio exterior.
(2) La Tierra es mayormente azul porque está cubierta de agua.
Por lo tanto, el océano es el elemento más grande de la Tierra.

El argumento petición de principio de por qué el océano es el elemento más grande de la Tierra: porque la Tierra es mayormente azul desde el espacio exterior. En palabras de orden, la petición de principio asume la respuesta.

Cómo Evitar y Refutar

Decir que algo existe solo porque no es realmente un argumento (aunque, según la lógica, es un sonido). Por ejemplo, decir que Dios existe porque Dios es perfecto, y todo lo que es perfecto debe existir en virtud de ser perfecto es un argumento incorrecto. Sin embargo, ese ejemplo demuestra cómo todos los argumentos funcionan a partir de algunos supuestos que se conceden. En ese caso, el supuesto es que algo perfecto tiene que existir. En el ejemplo anterior, las suposiciones son que el agua es azul y que la mayor parte de la cobertura es lo mismo que ser la característica más grande de algo. Si estos supuestos no se conceden, los argumentos no funcionarán.

Sin embargo, si el argumento está planteando la pregunta, es la conclusión la que se otorga primero, no las suposiciones. Esto hace que sea imposible atacar premisas individuales.

Para contrarrestar efectivamente la petición de principio, debe atacar la conclusión en su lugar. En otras palabras, reconozca suposiciones solo si son correctas. En el ejemplo anterior, el argumento reconoció que Dios existe, y es por eso que es problemático desde el principio.

Falsa Analogía

El argumento de la analogía es firme, pero solo cuando la analogía tiene sentido. Es porque estamos tan familiarizados con el formato de las analogías que cada vez que vemos un argumento tratando de defender la hipótesis, se asume automáticamente que es cierto. Una falsa analogía puede ser obvia, o puede requerir algún matiz.

La forma general de una analogía es la siguiente:

El argumento de la analogía es firme, pero solo cuando la analogía tiene sentido. Es porque P y Q tienen una relación común con alguna propiedad.

(1) P posee la propiedad X. Por lo tanto, Q también debe tener esta propiedad.

Sin embargo, con una falsa analogía, aunque P y Q pueden parecen similares, se requiere la propiedad X. O en variantes más convincentes, existe una propiedad X que comparten P y Q, pero también existe una propiedad Y o Z que perjudican esta relación.

Cómo Evitar y Refutar

Cuando un argumento tiene forma de analogía, lo primero que se puede hacer es realizar la "prueba de las naranjas a las manzanas". Sin duda, ya ha escuchado esta expresión antes, pero es un método excelente para discernir falsas analogías. Si dos cosas que se comparan entre sí son diferentes, entonces la analogía falla. La forma más rápida de determinar si una cosa es una manzana y la otra es una naranja es revisar la lista de propiedades de ambas. Si existe una diferencia significativa, entonces el argumento es probablemente una falsa analogía. Por ejemplo, las naranjas y las manzanas son frutas. ¡Pero vaya a la lista de propiedades y verá que, aun así, son muy diferentes!

Para contrarrestar una falsa analogía, simplemente encuentre una diferencia clave entre lo que se está comparando. Si existe tal diferencia clave, el argumento falla. En la teoría de conjuntos, esta diferencia también se llama la intersección. Imagine un diagrama de Venn con la lista de propiedades de cada cosa que se superponen. La intersección es el medio donde se superponen en las propiedades. Si esta intersección es más pequeña que el resto de los círculos, puede argumentar que la analogía es débil o falsa.

Evidencia Anecdótica

Menor a una forma de argumento y mayor a un sesgo en la cognición humana, la evidencia anecdótica todavía se utiliza a menudo para hacer algunos argumentos. Usted escucha este tipo de argumentos todo el tiempo cuando se trata de tratamientos alternativos para enfermedades o en el uso de marihuana medicinal. Estos argumentos tienen una hipótesis firme cuando se combinan con números. Si suficientes personas dicen que la marihuana disminuyó su ansiedad, uno se ve obligado a creer que es verdad. La gente tiende a escuchar lo que otros tienen que decir, observe la sección de revisión en cualquier listado de Amazon.

La forma es relativamente familiar:

(1) Alguien que conozco tomó café para combatir el cáncer en fase I.

(2) Esa misma persona ya no tuvo cáncer después de 16 meses de tomar café.

Por lo tanto, el café curó el cáncer.

Sin embargo, la evidencia anecdótica no se considera evidencia verdadera, ni por la comunidad médica ni por el tribunal. El problema de afirmar que algún tratamiento es la causa de la cura es que existen una serie de variables diferentes que pueden haber desempeñado un papel en ello. En un entorno experimental adecuado, como un ensayo médico, dichas variables se eliminan. Es por eso que, si un oncólogo afirma que un tratamiento tiene una cierta tasa de supervivencia, se acepta como verdadero. Se ha probado con un número de otros pacientes con la misma dolencia y control de otras variables, lo que resulta en un número confiable en el que las personas pueden tomar decisiones objetivas basándose en ellas.

Debido a que la evidencia anecdótica ignora estos otros factores, no pueden aceptarse como verdad. En el ejemplo anterior, el cáncer puede haber sido derrotado por el sistema inmunológico de la persona. Es decir, independientemente del tratamiento que tomaron, su cuerpo habría combatido exitosamente la enfermedad. Otra posibilidad es que el cáncer se diagnosticó incorrectamente y la enfermedad no era maligna en primer lugar.

La evidencia anecdótica puede causar daño indirecto a otras personas que siguen el consejo. Solo porque la limpieza del café parece funcionar para una persona, no hay garantía de que funcionaría para otra. Si una persona toma el consejo, se la priva instantáneamente del tratamiento que necesita.

Cómo Evitar y Refutar

La conclusión es que la evidencia anecdótica es una generalización que pretende ser cierta. Si lo ha escuchado de otra persona, es probable que sea una evidencia anecdótica. A menos que sean una autoridad respetada, no hay razón para dar credibilidad a su argumento (aunque tenga cuidado con esto, ya que las apelaciones a la autoridad también son erróneas).

Contrarrestar estos argumentos implica establecer el caso de que no se puede confiar en la información. Un buen caso incluirá una apelación al método científico, como los ensayos clínicos y los sistemas basados en la evidencia. Discuta qué implica evidencia y cómo los testimonios anecdóticos no efectúan el corte.

Falacias de Emoción

La emoción es quizás la herramienta más fuerte, ya que apelar a la emoción reemplaza a la razón al evaluar argumentos. La emoción es capaz de robar a una mente racional, por lo demás racional, para aceptar afirmaciones irrazonables porque uno está de acuerdo con el sentimentalismo que se evoca.

Apelar al Miedo

Si bien el miedo es un motivador fuerte, no siempre constituye un argumento lógico. Las apelaciones al miedo, a veces llamadas apelaciones a la fuerza, están diseñadas para frustrar la razón, disfrazándola con emoción. Por ejemplo:

(2) Los inmigrantes ilegales no solo son potencialmente peligrosos, sino que también nos robarán nuestros trabajos.

(3) Si no hacemos nada para disuadir a los ilegales, cruzarán la frontera en masa.

Por lo tanto, debemos votar por la legislación anti-inmigración.

El argumento anterior admite que los inmigrantes ilegales son potencialmente peligrosos. Aunque desconfiar de los extraños es natural, no significa que sean peligrosos. Sin embargo, si una audiencia ya tiene razones para creer que lo son, es más probable que acepten la premisa. El argumento también admite que los inmigrantes ilegales están destinados a causar daños económicos, y se complacen tanto con la falacia laboral como con el temor de perder un empleo.

Cómo Evitar y Refutar

Las apelaciones al miedo son obvias, pero se pueden enmascarar si existen nociones preconcebidas. El argumento anterior compara la inmigración ilegal con una invasión, pero no ofrece evidencia de apoyo de los patrones de migración a escala de invasión. Evite usar la emoción para compensar la falta de evidencia en sus argumentos.

Contrarrestar la apelación al miedo consiste en ver a través de él. En primer lugar, busque evidencia de apoyo de cualquier argumento.

Si no hay ninguno y, en cambio, hay un lenguaje que amenaza o insinúa daño, sabe que el argumento no tiene un respaldo lógico. Desde esa posición, puede atacar las instalaciones. (¿Los inmigrantes son más peligrosos que la población doméstica? ¿Los inmigrantes aceptan empleos de otros? ¿Han aumentado los casos de cruce ilegal en ausencia de leyes de inmigración?)

Esté preparado para los contraargumentos. A veces, las apelaciones a la emoción tienen un respaldo lógico: solo usan la emoción para un golpe adicional.

Apelación a la Autoridad

En ocasiones, un argumento puede tomar ventaja tanto de las apelaciones emocionales como del parecido. Apelar a la autoridad es uno de esos argumentos: emocional porque las figuras de autoridad son admiradas y parecidas porque existen buenas hipótesis para escuchar a las figuras de autoridad.

Considere el siguiente anuncio:

Considere el antiguo anuncio de filtro de cigarrillos mencionado. El recurso a la autoridad aquí es una figura de limpieza y salud. Sin embargo, en otras versiones del argumento, puede ser una celebridad, un político o una autoridad moral. Tenga en cuenta que el anuncio no identifica al dentista en absoluto, simplemente establece que el hombre es un dentista. Este argumento en particular es débil, pero puede ser potente si hay una persona real que respalde las afirmaciones.

Nuevamente, la lógica de las afirmaciones se reemplaza por una recomendación de un profesional de la salud. Y mientras que los filtros de cigarrillos pueden ser mejores para sus dientes, hay otros factores que deben considerarse, como la presencia de alquitrán y las preocupaciones de salud general de fumar regularmente.

Cómo Evitar y Refutar

Las apelaciones a la autoridad no son todas malas. Considere un respaldo de celebridades para la concienciación sobre el VIH / SIDA. Al atraer atención, educación y pruebas de ETS, el llamado sigue adelante. Sin embargo, solo porque haya una cabecera, no significa que el argumento sea sólido.

Busque los títulos, nombres u otros reconocimientos al evaluar un argumento. Busque una divergencia en el endoso y el área de especialización. Una celebridad no es apta para brindar consejos médicos a menos que tenga experiencia en ese campo.

Esto suele ser una oposición adecuada. "¿Por qué la celebridad X respalda la idea Y cuando no son expertos?" Si rompe la línea de credibilidad, el argumento falla. Esto no siempre es fácil, ya que algunas figuras de autoridad pueden ser respetadas y los ataques pueden confundirse con la siguiente falacia. Si rompe la línea de la lógica, el argumento también falla. "¿A quién le importa si los dentistas aprueban los filtros de cigarrillos? No están sanos".

Conclusión

Gracias por llegar al final de *Falacias Lógicas*. Esperamos que este libro haya sido informativo y le proporcionara todas las herramientas que necesita para lograr sus objetivos.

El siguiente paso es comenzar a aplicar lo que ha aprendido. Ahora debe tener una idea sólida de qué son las falacias lógicas, cómo funcionan y por qué son importantes. Al construir una sólida comprensión de las falacias lógicas, le permite discutir contra cualquiera y mantenerse lógicamente consistente durante todo el proceso.

La desafortunada verdad es que todos discuten; la verdad afortunada es que, aunque todo el mundo discute, muchas personas no tienen una comprensión sólida de las falacias lógicas como un concepto innato. Esto significa que ahora posee una ventaja en la competencia cuando realmente puede identificar y eliminar estas falacias lógicas en los argumentos de otras personas. También posee una idea más adecuada de lo que no debe hacer en sus propios argumentos.

En otras palabras, ha dado los primeros pasos extremadamente importantes para hacer que sus argumentos sean completamente a prueba de balas. ¿Qué tan bueno es eso?

Vea más libros escritos por Scott Lovell

www.ingramcontent.com/pod-product-compliance
Lightning Source LLC
LaVergne TN
LVHW041634060526
838200LV00040B/1565